*Heilende Hände
für Tiere*

Rosina
Sonnenschmidt

Heilende
Hände für Tiere

Positive Energien selbst entwickeln

KOSMOS

Mit 29 Farbabbildungen auf Tafeln und 25 sw-Zeichnungen im Text.

Farbabbildungen von Peter Beck (S. 84 oben), Dr. Rosina Sonnenschmidt (S. 29 oben, 48 unten, 65, 66, 83, 84 unten, 101, 102, 119, 120, 137, 138, 155, 156), Milada Krautmann nach Fotos aus Réquéna, Handdiagnostik in der Chinesischen Medizin, Haug (S. 30, 47, 48 oben) und aus Sonnenschmidt, Tierkinesiologie, Sonntag Verlag (S. 29 unten). Schwarzweißzeichnungen von Susanne Koch (S. 58, 62), Milada Krautmann (S. 22, 175, 176, 178), Dr. Rosina Sonnenschmidt (S. 87, 88, 89), aus Sonnenschmidt, Tierkinesiologie, Sonntag Verlag (S. 53, 54) und nach dem Buch der Musikkinesiologie, VAK Verlag (S. 76, 130).

Umschlaggestaltung von eStudio Calamar unter Verwendung von sechs Aufnahmen aus dem Archiv der Autorin (Vorderseite), Gabriele Metz (Katze) und Christof Salata / Kosmos.

Bibliografische Information der Deutschen Bibliothek
Die Deutsche Bibliothek verzeichnet diese Publikation in der Deutschen Nationalbibliografie; detaillierte bibliografische Daten sind im Internet über http://dnb.ddb.de abrufbar.

Informationen senden wir Ihnen gerne zu

Bücher · Kalender · Experimentierkästen · Kinder- und Erwachsenenspiele
Natur · Garten · Essen & Trinken · Astronomie
Hunde & Heimtiere · Pferde & Reiten · Tauchen · Angeln & Jagd
Golf · Eisenbahn & Nutzfahrzeuge · Kinderbücher

KOSMOS Postfach 10 60 11
D-70049 Stuttgart
TELEFON +49 (0)711-2191-0
FAX +49 (0)711-2191-422
WEB www.kosmos.de
E-MAIL info@kosmos.de

2. Auflage 2005
© 1999, 2005, Franckh-Kosmos Verlags-GmbH & Co. KG, Stuttgart
Alle Rechte vorbehalten
ISBN 3-440-10466-4
Lektorat: Ute Rather und Angela Beck
Produktion: Kirsten Raue/Markus Schärtlein
Printed in the Czech Republic / Imprimé en République tchèque

Inhalt

Vorwort 9

Einführung 10
Was sind Heilung und Heilungsenergie? 11
Voraussetzungen für das Heilen mit Händen 13
Positives Denken 13
Spaß am Üben 15
Ist das Heilen mit Händen Geistheilung? 16
Ist Geistheilung eine Art Tierkommunikation? 17

Die Ausrüstung (Werkzeug Hand) 21
Die Hand als Energieträger 21
Die Handlinien 22
Der Akupunkturpunkt Pc8 24
Die verschiedenen Handtypen 24
Die tolerante Hand (Element Metall) 26
Die kreative Hand (Element Wasser) 27
Die flexible Hand (Element Feuer) 31
Die konfliktbereite Hand (Element Holz) 32
Die praktische Hand (Element Erde) 33
Die Hand als Wahrnehmungsinstrument 35
Die vier Ebenen der Aura 37
Der materielle Körper 38
Die physische Aura 40
Die emotionale Aura 41
Die mentale Aura 42
Die ersten Übungen zur Wahrnehmung 43
Das Ein- und Ausschalten 43

Das Empfinden und Wahrnehmen 45
Die Empfindungen verstehen 49
Die Hand als Energiespender 52
Exkurs: Die Fingerenergetik 53
Die Mudras zwischen Öffnen und Schließen 57
Die Mudras der Energiesendung 61
Die Fähigkeiten der individuellen Hand 68
Das Scannen mit der Hand 68
Das Wahrnehmen eines kranken Tieres 73

Aktive Meditationsformen 85
Die Förderung der Heilenergie 85
Der geschlossene Heilerzirkel 85
Die Aurafarben 86
Die Zirkelarbeit 92
Die Heilungssitzung für ein krankes Tier 95
Die telepathischen Fähigkeiten der Tiere 99
Die passive Beobachtungsgabe schulen 99
Der mentale Austausch 108
Die Telepathie 112
Das mentale Heilen 114
Imaginationen 114

Passive Meditationsformen 127
Das spirituelle Heilen 127
Die Fernheilung 136
Fernheilung im Zirkel 136
Fernheilung allein 141
Fernheilung durch das Radionikgerät 142

Die Geistheilung als Sterbebegleitung 147

Die Spezialisierung in der Geistheilung 152
Die Aura des Heilers 152
Die Symbolpsychologie der Tiere 157

Kühe 159

Pferde 160

Hunde 161

Katzen 162

Vögel 163

Die Lebenshaltung des Geistheilers 167

Die Farben der Kleidung 167

Die Honorarfrage 169

Gesundes Selbstbewußtsein entwickeln 170

Die spirituelle Lebenshaltung 173

Das kleine energetische Fitneßprogramm für Geistheiler . . 174

Die Arbeitsethik des Geistheilers für Tiere 181

Service 184

Glossar 184

Adressen 189

Zum Weiterlesen 189

Zum Nachschlagen 191

Register 192

Gewidmet in Dankbarkeit
meinen Lehrern Ray Williamson,
Margaret Pearson, Mary Duffy und Chris
Batchelor sowie meinen langjährigen
Zirkelfreunden Christa, Harald, Marion,
Michael, François und Frank.

Vorwort

Dieses Buch ist für alle Menschen gedacht, die Tiere lieben, sie pflegen und therapieren. Es ist ein Anleitungsbuch, wie man die Hände und sein Bewusstsein zum Wohl eines Tieres einsetzen kann. Jeder Mensch hat Heilerkräfte, weil sie Ausdruck von Lebensenergie sind. Aber diese Kräfte sind bei den meisten Menschen wie ein roher Diamant, der erst geschliffen werden muss, damit er seine volle Strahlkraft entfaltet. Damit das bei Ihnen möglich wird, lernen Sie in diesem Buch schrittweise, Ihren Fähigkeiten, Ihren Händen und Ihren Energien zu vertrauen. Da die Hände neben den Gedanken die stärksten Energieträger sind, gibt es viele Übungen, die Ihnen schrittweise dazu verhelfen, sich die Welt des Heilens zu erschließen.

Eine erfreuliche Entwicklung in Deutschland bedeutet das neue **Heilergesetz**, das im März 2003 in Kraft getreten ist. Dadurch ist, wie in Großbritannien, jetzt das Heilen mit den Händen gesetzlich erlaubt. Dazu muss man weder Arzt noch Heilpraktiker sein. Die Heilertätigkeit dient der Aktivierung der Selbstheilungskräfte eines Patienten. Es darf keine Diagnose irgendeiner Art gestellt werden. Wenn jemand eine Heilerpraxis eröffnet, muss für jeden Klienten sichtbar ein Hinweis ausgelegt oder aufgehängt werden, aus dem zu ersehen ist, dass die Behandlung durch Handauflegen nicht den Arzt oder Heilpraktiker ersetzt.

Das geistige Heilen ist ein wunderbares Komplement zur professionellen Therapie, und wir dürfen froh sein über die neue Rechtsgrundlage, die es ermöglicht, legal Heilenergie an Bedürftige zu spenden, ob an Menschen oder Tiere.

Dies bedeutet allerdings auch, dass der Anspruch der Klienten gewachsen ist und sie Heiler aufsuchen, die eine solide Schulung durchlaufen haben. Dazu bietet dieses Buch eine gute Grundlage.

Einführung

Heilen ist ein einfacher Akt purer Freundschaft.
Wir strengen uns an, um jemandem zu helfen, sich besser zu fühlen,
weil wir an seinem Wohlergehen Anteil nehmen,
weil wir unserem Freund helfen wollen,
ein gesundes Energieniveau zu erreichen.

John Selby, Heilen

In diesem Buch ist der besagte Freund, den John Selby nennt, das Tier, einerlei, ob Heimtier, Stalltier oder Wildtier.

In diesem Buch ist das Tier der ebenbürtige Partner zum Menschen, obgleich es zu uns kommt oder wir es aufsuchen, weil es krank ist, obgleich es eine andere Sprache spricht.

In diesem Buch tritt der Mensch als Partner des Tieres nicht gleich als Samariter auf, der einer „armen, kranken Kreatur" hilft, sondern ich versuche einen Weg zum Heilen, soweit dies mit Worten möglich ist, zu zeigen. Auf diesem Weg braucht der Leser und künftige Heiler eine gute Ausrüstung, denn der Weg ist bisweilen anstrengend: hier eine mühsame Hürde, dort ein Stolperstein. Diese Anstrengung wird jedoch reich entschädigt durch einen immer weiter werdenden Rundblick und Überblick über die Landschaft des eigenen Bewußtseins. Abgesehen von ein wenig Nahrung und Wasser zum Trinken braucht man Mut, Humor und Selbstvertrauen. Das macht den Körper leicht und behende. Indessen dürfen Leistung, Perfektionismus und Zweifel an sich selbst zu Hause bleiben, weil sie eine unnötige Last für den Rücken sind.

Auf dem Weg zum Heilen und Heiler werden Sie dann womöglich feststellen, daß Sie sich selbst geheilt haben.

Was sind Heilung und Heilungsenergie?

Wir wollen hier natürlich keine Begriffsdefinition vornehmen, weil Heilung kein Istzustand ist, sondern ein Prozeß, der von innen nach außen und außen nach innen verläuft. Es sind besondere Kräfte am Werk, die diesen Prozeß aktivieren und in Fluß halten. Da ist zum einen die Lebensenergie, die alles Lebendige durchdringt und in der Lage ist, eventuelle Disharmonien auszugleichen. Hier sprechen wir von den Selbstheilungskräften, die ebenfalls jedes Lebewesen auszeichnen. Zum anderen sind die Lebewesen energetisch miteinander vernetzt. Die Art der Vernetzung kann viele Grade erreichen, von der allgemeinen schöpferischen Energie, die, wie schon gesagt, alles Leben durchdringt und somit verknüpft, bis zu einem sehr engen, emotionalen Band.

So lange es Menschen gibt, entwickelten sich Heilungsmethoden, weil schließlich auch der Gesündeste einmal krank werden kann. Und man erkannte zu allen Zeiten und in allen Kulturen:

Der gemeinsame Nenner aller Heilmethoden ist unbedingte Liebe – eine Liebe, welche die Einmaligkeit jedes individuellen Klienten achtet und ihn ermutigt, für sein Wohlergehen Verantwortung zu übernehmen. Die eingesetzte Technik ist in Wahrheit nur die Form, in welcher der Heiler bedingungslose Liebe übertragen kann.

Steven Fahrion

Die bedingungslose Liebe hat nichts mit einem Helfersyndrom zu tun: „Ich muß allen Wesen helfen, auf mir lastet die Verantwortung!" Sie ist ganz einfach nur ein Zuwenden zum anderen Lebewesen, es wahrnehmen, seine Bedürfnisse erkennen und ihm helfen, wenn seine Selbstheilungskräfte nicht mehr ausreichen.

Die bedingungslose Liebe geht von einer Ebenbürtigkeit der Geschöpfe aus. Das Verhätscheln eines kleinen Hundes, Kätzchens, Vögelchens oder Häschens zeigt das Gegenteil: Hier der große wissende Mensch, dort das kleine hilflose Wesen. Solange wir so denken, bleibt Heilung immer nur ein Stückwerk, denn wir meinen, dem Lebewesen etwas von außen zuführen zu müssen, was es nicht mehr hat: Gesundheit. Die Ebenbürtigkeit zeigt sich dagegen darin, daß der wissende Mensch in dem körperlich kleinen Wesen die Selbstheilungskräfte anerkennt, erkennt und anregt, sodann dem Lebewesen selbst die Verantwortung läßt, gesund zu werden, krank zu bleiben oder gar zu sterben. So gesehen bedeutet Heilen lediglich eine Resonanz zwischen der Selbstheilungskraft von innen und dem Heilungsimpuls von außen. Es leuchtet ein, daß diese Resonanz um so besser zum Tragen kommt, je genauer das Energiepotential der Selbstheilungskräfte und des Heilungsimpulses, d.h. des Heilungsmittels, zusammenpassen.

Es kommen noch zwei weitere Faktoren hinzu: Die Selbstheilungskräfte des Heilers und die Qualität seiner Heilungsenergie, die er nach außen sendet. Kann ein Heiler seine eigenen Selbstheilungsenergien nicht aktivieren, um wieder ins Gleichgewicht zu kommen, kann er auch bei keinem anderen Lebewesen Selbstheilungskräfte optimal aktivieren. Jeder Mensch hat Heilungsenergie und somit die Gabe zu heilen, so wie jeder auch von Natur aus singen, malen oder tanzen kann. Gleichwohl gibt es Unterschiede, die vom angeborenen Talent, aber auch vom Fleiß abhängen. Menschen, die sich zu Tieren hingezogen fühlen oder gar therapieren, haben ein großes, angeborenes Heilungspotential, das ihnen meistens nicht bewußt ist, und von dem sie auch nicht glauben, daß man es schulen kann. Das Potential und die Qualität der Heilungsenergie bei einem Menschen sind maßgebend für die Wirksamkeit einer Heilmethode. Dieser ursächliche Zusammenhang wird häufig ignoriert oder übersehen. Es ist letztlich nicht die Tablette, die heilt, sondern derjenige, der sie verabreicht.

Wo hat nun die Heilungsenergie ihren Sitz? Die Antwort ist ebenso einfach wie überwältigend: Im Bewußtsein. Das Bewußtsein sitzt nicht im Gehirn, sondern ist ein Aspekt der Lebensenergie und bewohnt deshalb jede Zelle. Das bedeutet: Das Bewußtsein des Heilers heilt, es manifestiert sich in den verschiedenen Ausdrucksformen von Heilungsenergie, und diese manifestiert sich wiederum in der Heilungsmethode. So kommt es dazu, daß ein Placebo wirksam ist, wenn es durch ein entsprechendes Bewußtsein des Heilers aufgeladen oder „informiert" ist.

Alle diese Aspekte bilden ein enges Netzwerk, eines hängt vom anderen ab und eines geht aus dem anderen hervor. In der Heilkunst fragt man mit Recht: Wo sollen wir ansetzen, um dieses Miteinander so optimal wie möglich wirken zu lassen – letztlich zum Wohle eines leidenden Lebewesens? Wollen wir eine klare, direkte Antwort, so kann sie nur lauten: Die Quelle aller Qualität ist das menschliche Bewußtsein, von ihm aus entwickelt sich alles weitere. Aus diesem Grunde ist es sinnvoll, hier anzusetzen und das Bewußtsein individuell zu schulen und zu verfeinern.

Voraussetzungen für das Heilen mit Händen

Wir wollen uns in diesem Buch speziell mit der Heilungsenergie befassen, die sich über die Hände ausdrückt, und die dafür nötigen Schritte im Bewußtsein vollziehen. Es gibt im Grunde nur zwei wesentliche Voraussetzungen, die das Heilungspotential sofort in Fluß bringen und fördern, sobald unser Bewußtsein darauf eingestimmt ist:

Positives Denken

Positives Denken bedeutet, angemessen zu einer Situation zu denken und zu handeln und vor allen Dingen: Potentiale zu erkennen. Ein Glas ist zur Hälfte mit Wasser gefüllt. Die einen sagen, es ist halbleer, die anderen, es ist halbvoll. Beide haben recht, dennoch steht dahinter ein völlig gegensätzliches Bewußt-Sein dessen, was man wahrnimmt. Wer immer das Glas Wasser und den Rest der Welt für halbleer ansieht, sieht zuerst, was fehlt.

Unser gesamtes Medizinsystem ist auf diesem „defizitären" Denken aufgebaut. Ob in der Schulmedizin, in der Pflanzenheilkunde, Homöopathie oder Akupunktur, allen Diagnose- und Heilmethoden hat der westliche Therapeut sein „Halbleer-Denken" aufgeprägt. Durch dieses Denken zerfällt ein Lebewesen im Krankheitsfall in viele Einzelteile, die nicht in Ordnung sind.

Ganz anders bei den Menschen, die das Glas Wasser als halbvoll sehen. Hier wird als erstes wahrgenommen, was noch da ist. Dies nennt man das Wahrnehmen von Potentialen. Kommt ein so denkender Therapeut mit einem kranken Lebewesen in Kontakt, so sieht, hört, riecht, fühlt und schmeckt er zuerst das (noch) vorhandene Potential: Das ist positives Denken. Er setzt alle Sinne ein, um alle noch vorhandenen Kräfte in ihrer Gesamtheit zu erfassen.

So wird klar, daß positives und ganzheitliches Denken Geschwister sind. Damit sind wir auch wieder bei unserem Anfangsthema, der bedingungslosen Liebe zu einem Lebewesen, die sich in Ebenbürtigkeit ausdrückt. Wenn man sich darin übt, das halbvolle Glas wahrzunehmen, ist man auch in der Lage, das Potential der im Lebewesen vorhandenen Selbstheilungskräfte zu erkennen und darauf mit einem geeigneten Heilungsimpuls zu reagieren.

Zusammengefaßt heißt das: Wenn wir auf das fixiert sind, was fehlt und nicht mehr da ist, also das halbleere Glas sehen, ist unser Blick getrübt für die Potentiale, an erster Stelle für die der Selbstheilungsenergie. Da es unser Bewußtsein ist, also die übergeordnete, alles regierende Instanz, die das Halbleere wahrnimmt, hat das auch klare Konsequenzen: Wir sehen nicht primär unsere Fähigkeiten, Talente und Gaben, sondern was wir alles nicht können und haben. Die Folge ist ein verkümmertes Selbstbewußtsein, Selbstwertgefühl und Angst. Angst, etwas zu verlieren, Angst, Fehler zu machen, zu versagen und Angst, zu sterben, das größte Defizit in diesem engen Weltbild.

In unserer Heilkunst manifestiert sich dies durch unzählige Diagnosemethoden, die mit Etiketten arbeiten wie „Du hast..., du bist...", und durch unzählige Apparate und Medikamente, die der Ausdruck dafür sind, daß irgend etwas immer noch nicht vollkommen und das Glas immer noch nicht voll ist. Zum „halbleeren" Denken gehören Leistungsdenken und Perfektionszwang.

Ändern wir die Sichtweise und sehen das halbvolle Glas, erkennen wir die Potentiale. Da auch dieses Denken unserem Bewußtsein entspringt, haben wir auch einen positiven Zugang zu unseren Talenten, Gaben und Fähigkeiten. Die Folge davon ist ein gesundes Selbstwertgefühl, ein gesunder Menschenverstand und Selbstvertrauen. Wir fragen uns: Was kann ich sofort mit meinen Möglichkeiten tun? Das „halbvolle" Wahrnehmen ist immer ökonomisch, d.h. es sucht das Naheliegendste, Einfache, Schlichte und Angemessene in einer Situation. Man sucht nicht die Hilfe draußen, sondern drinnen. Diese Haltung ist die beste Anregung für die Selbstheilungskräfte eines notleidenden Lebewesens und der beste Impuls, die eigenen Heilungsenergien fließen zu lassen. Dies kann zum Beispiel mental durch Gedanken oder durch Berührung mit den Händen geschehen.

Positives Denken ist der Schlüssel für eine Heilkunst mit dem Grundsatz: Qualität vor Quantität.

Spaß am Üben

Hier ist das Üben mit den Händen als Ausdrucksorganen von Heilungsenergie gemeint. Unsere Hände sind ein Wunderwerk der Natur, denn sie arbeiten nicht nur feinmotorisch und handwerklich, sondern drücken ebenso Gefühle und Gedanken aus. Wenn uns jemand die Hand gibt, spüren wir intuitiv etwas von seinem Charakter, wenn wir etwas berühren, nehmen wir etwas vom inneren Wesen des Gegenstandes oder Lebewesens wahr. Hände sind wie Antennen, sie senden und empfangen.

Es ist ganz natürlich, daß man ein Haustier berühren möchte. Wir tun dies meistens mit den Händen. In diesem Buch werden Sie erfahren, daß man ein Tier auch mit Gedanken zärtlich berühren kann. Wer sein Tier liebt, achtet und respektiert, drückt diese ethische Haltung auch durch seine Hände aus. Um die eigene Heilungsenergie über die Hände zu aktivieren und zu intensivieren, braucht man Geduld mit sich selbst und vor allem Spaß am Üben. Sicher werden die meisten Übungen in diesem Buch für Sie neu sein. Aber das fördert hoffentlich Ihre Abenteuerlust, neue Erfahrungen zu machen.

Das Heilen mit Händen ist keine bierernste Sache, es darf Spaß machen und sollte im Laufe des Übens Ihr Bewußtsein positiv stimmen, indem Sie sich freuen über das schon Erreichte. Denken Sie immer an das halbvolle Glas. Das ist Ihr Ausgangspunkt, d.h. Ihre Begabung. Durch das systematische Ausführen der Übungen füllt sich das Glas, Tropfen für Tropfen.

Ist das Heilen mit Händen Geistheilung?

Das werde ich immer wieder gefragt, und deshalb möchte ich an dieser Stelle dazu etwas sagen. Der Begriff „Geistheilung" ist eine nicht ganz gelungene Übersetzung des „spiritual" oder „mental healing", wie es im Englischen heißt. Dennoch drückt das deutsche Wort unbeabsichtigt genau das aus, was mit dem geistigen Heilen gemeint ist:
Mit dem Geist = Bewußtsein heilen
und
den Geist heilen, nämlich sein eigenes Bewußtsein heilen.

Die Geistheilung wird in der Regel mit den Händen ausgeführt. Der Patient wird berührt oder nicht berührt. Die Hände dienen als Sender von Heilungsenergien. Diese Energien fallen nicht einfach vom Himmel in den Heiler hinein, der sie dann nur noch weitergeben muß, sondern sind, wie oben beschrieben, das Zusammenwirken von Bewußtsein, Selbstheilungskräften, angeborenen Heilungsenergien und fortschreitender Verfeinerung dieser Gaben. Das Heilen mit Gedanken und Händen, eben die Geistheilung, ist eine ernstzunehmende ganzheitliche Therapieform, die in Großbritannien bereits seit Jahren selbstverständlich in der Medizin eingesetzt wird. Sie steht dort Seite an Seite mit Schulmedizin, Homöopathie oder Akupunktur. Wir sind bei uns noch am Anfang, aber an einem vielversprechenden: Auch bei uns gibt es viele begabte Menschen, die gern eine systematische Schulung nach englischem Vorbild durchführen wollen, weil sie sehr bodenständig ist und ohne jegliches Leistungsdenken vonstatten geht.

So fröhlich, humorvoll und spielerisch es während der Schulung auch zugeht, wenn es um die Qualität der Heilung und die Arbeitsethik eines Heilers geht, ist man in Großbritannien äußerst streng. Nach 12 Jahren intensiver Schulung in einem sogenannten „Heilerzirkel", wo sich regelmäßig Leute treffen, die ihre Heilungsenergie entwickeln wollen, muß ein Heiler Nachweise für Erfolge bringen. Ein Heilungserfolg wird nur dann akzeptiert, wenn er vom Patienten, von einem Schulmediziner und einem Arzt für Naturheilverfahren (z.B. einem Homöopathen) bestätigt wird. Diese strenge Regel wirft ein interessantes Licht auf die Toleranz der englischen Mediziner und auf das Niveau der Geistheiler. In die staatlich geschützten Geistheilerverbände werden nur Heiler mit nachweislichen Qualifikationen aufgenommen – zum Schutz der Heiler und der Klienten. Es gibt zwar auch in Großbritannien viele „Möchtegernheiler", die den langen Schulungsweg abkürzen wollen, aber längst nicht so viele wie in Mitteleuropa, wo erst allmählich eine Zunft der Geistheiler Fuß faßt, die auf nachweisbare Qualität achtet.

Ist Geistheilung eine Art Tierkommunikation?

Auch das werde ich auf Seminaren immer wieder gefragt, seit einige Tierkommunikatoren populär geworden sind. Meine Antwort ist ein eindeutiges „Ja"! Wenn die heilende Kraft der Hände zu wirken beginnt, fühlen sich die Tiere verstanden.

Die Heilungskraft der Hände ist aber kein isoliertes Talent, das man hat oder nicht hat. Sie entspringt einem Bewußtsein, das, wie schon so oft betont, auf der Ebene der Ebenbürtigkeit dem Partner Tier begegnet. Dem Gedanken folgt die Tat, d.h. auf unser Thema bezogen: In dem Maße, wie wir positiv denken lernen und uns in der Vernetzung mit anderen Lebewesen einfinden, verstehen wir auch ihre Sprache. Wenn wir mit einem Tier reden, versteht es nicht in unserem Sinne die Worte, aber es versteht ihre mentale und emotionale Botschaft. Tierlaute sind ebenfalls eine Sprache, und sensible Tierhalter können die Botschaft der Laute durchaus verstehen.

Auf der Ebene der Lautgebung kann eine sehr gute Kommunikation stattfinden, weil Laute Botschafter von Gedankenformen sind. Dazu muß der Papagei nicht die Menschensprache beherrschen und ein Mensch nicht wie ein Hund bellen. Die Verständigung kann sogar ohne Lautgebung nur über Gedanken stattfinden. Das habe ich über viele Jahre mit meinen Vögeln praktiziert und gesehen, daß diese Form der Kommunikation noch viel interessanter ist.

Es ist allerdings ein Unterschied, ob man den mentalen Kontakt zu einem Tier aufnimmt, weil man sich mit ihm „unterhalten" möchte oder ob es krank ist. Im letzteren Falle dient die mentale Kommunikation dem Senden eines Heilungsimpulses. Deshalb spricht man in der englischen Geistheilertradition hier auch vom „mentalen Heilen" (mental healing).

Durch die Übungen in diesem Buch wird in jedem Fall der Kanal geöffnet, mit einem Tier auf vielfache Weise zu kommunizieren. Die Aktivierung der Heilungsenergie ist der ideale Motor dafür.

Da die Kommunikation mit Tieren überraschend populär geworden ist, möchte ich dieses Thema noch von einer anderen Seite her beleuchten: Ich lebte 5 Jahre neben einem Schweinestall. Es erschreckte mich die genormte Größe der Ferkel. Hatte ich eines gesehen, hatte ich alle gesehen. Es kostete mich viel Konzentration, ein Ferkel mental herauszugreifen und mit ihm einen geistigen Kontakt aufzubauen. Aber wenn es mir gelang, dann kam jedesmal das Ferkel ganz nahe an die niedrige Türe und schaute mich an, als wollte es sagen: Was bist du denn für ein seltsames Wesen, das seine Zeit damit verschwendet, mit uns kurz vor dem Schlachten zu reden?

Es brach mir immer wieder das Herz, wenn dann nachts um 3.00 Uhr laute, herrische Stimmen die verängstigten Schweine in einen Transporter jagten und ich aus ihren Klagelauten die Todesangst heraushörte. Ich fühlte mich ohnmächtig angesichts einer Maschinerie, die erbarmungslos Tiere wie den letzten Dreck behandelt, um sie dann später als Schinken mit leuchtenden Augen zu verzehren. Diese Maschinerie besteht aus Menschen, die alle stichhaltige Argumente zur Hand haben, um ihr Verhalten zu rechtfertigen. Ich habe mir oft in unserem Dorf die Menschen genau angeschaut, die nachts die Schweine in den LKW verluden, ich habe sie auch gefragt, wie es ihnen dabei geht. Sie schauten mich an, als käme ich vom Mond, weil es jenseits ihres Vorstellungsvermögens war und ist, ihr Tun zu hinterfragen.

Berichte ich in einem Vortrag von meiner mentalen Kommunikation mit Großpapageien, Hunden, Pferden oder Katzen, so ernte ich staunenden und positiven Beifall. Man ist im Kreise ganzheitlich denkender, spirituell orientierter Menschen der Meinung, diese Fähigkeit habe Sinn und müsse entwickelt werden.

Berichte ich dann von meinen Bemühungen, mit Mastschweinen, Legehennen oder Massenrindern geistig zu kommunizieren, ihnen Geistheilung zukommen zu lassen, ihnen einen Lichtstrahl in ihr düsteres Dasein zu senden, schaue ich in fragende Gesichter, bisweilen mit einem mitleidigen Zug um den Mund, als wollte man sagen: Wie kann man nur...? Ein besonders schlauer Zeitgenosse sagte einmal bei einer solchen Gelegenheit: „Sie mit Ihrer Geistheilung konnten doch auch nicht verhindern, daß diese Tiere geschlachtet wurden!" Das ist wahr, und diese Wahrheit ist das Überflüssigste, das mir je begegnet ist.

Aber dieser Mensch hat, ohne es zu wissen, etwas sehr Wichtiges angesprochen, denn Geistheilung und mentales Kommunizieren mit Tieren verträgt kein Leistungsdenken und kein Helfersyndrom. In dem Moment, in dem man versucht, die Welt zu verbessern, verlassen einen sofort die Heilungskräfte und die Gaben der mentalen Kommunikation.

Warum? Weil dann die Blickrichtung und der Focus nach außen gerichtet ist, statt nach innen. Geistheilung braucht alle Energien, die einem zur Verfügung stehen, und deshalb ist sie auch nicht für den Marktplatz geeignet, wo jeder andere Waren, Ideen und Leistungen anpreist. Auch die mentale Kommunikation ist nichts, das man mal schnell erledigt, um damit etwas Bestimmtes zu erreichen. Jedes Nützlichkeitsdenken und „...um zu" bricht den Kontakt ab oder läßt ihn gar nicht erst entstehen.

Geistheilung beim Tier setzt somit die bedingungslose und vollkommen wertfreie Bereitschaft voraus, mit ihm zu kommunizieren und sich in es hineinzufühlen. Zweifellos ist es nicht leicht, diesen Anspruch zu erfüllen, aber man wird durch jede Tierseele reich beschenkt. Ich möchte sogar sagen, wenn es einem gelingt, mit der Seele eines Massenhuhns, Mastschweins oder einer Massenkuh in Resonanz zu kommen, erlebt man eine Form von Dankbarkeit, die alle Vorstellungen übersteigt. Es ist nicht leicht, diese tiefe Erschütterung seiner eigenen Seele zu ertragen, aber äußerst heilsam.

Das erste Ferkel, das aus der Masse nach vorne drängte und mich erstaunt anschaute, verharrte und allmählich zuließ, daß ich mich ihm geistig näherte, änderte mein ganzes Denken, meine ganze Wahrnehmung und mein ganzes Verständnis von Tierpersönlichkeiten. Es war ein Schlüsselerlebnis, das mich als wissenschaftlich geschulten Menschen mehr umkrempelte und mehr in Frage stellte, als alle Formen der Meditation, der esoterischen Weltsicht und Sensitivitätsschulung.

Dieses eine Ferkel, das nur 6 Stunden später wie die 350 anderen Ferkel nachts um 3.00 Uhr abtransportiert wurde, erklärte mir auf seine einfache Weise den Sinn von Meditation, Schulung von Intuition und Heilenergie.

Jeder, der sich mit Geistheilung für Tiere befaßt, erfährt ein Schlüsselerlebnis mit einem Tier. Ich erwähne mein Schlüsselerlebnis, damit wir gleich von Anbeginn die Wertung von Tieren aufgeben. Es gibt keine Nutztiere, keine Ziervögel oder Schmusetiere. Tiere sind, wie wir noch ausführlich sehen werden, individuelle Persönlichkeiten, sie sind ebenbürtige Partner.

Was wir Gutes den Tieren tun, tun wir Gutes für uns.

Was wir den Tieren antun, tun wir uns an.

Die Ausrüstung (Werkzeug Hand)

Die Hand als Energieträger

Sie wissen, daß jeder Mensch einen anderen Fingerabdruck hat. Sie haben sicher auch schon gehört, daß die Hand Reflexzonen besitzt und Anfangs- und Endpunkte von Meridianen oder Energieleitbahnen. Vielleicht haben Sie auch schon von der Chiromantie, der Kunst der Handliniendeutung gehört, oder auch von der Handdiagnostik, wie sie die Chinesen anwenden, um die angeborenen Tendenzen der Menschen zu Stärken und Schwächen aus Form und Farbe der Hände zu lesen. Weniger bekannt sind Ihnen vermutlich die indischen Handgesten (Mudras), die man dort seit Jahrtausenden in der Heilkunde einsetzt.

Kurzum: Die Hand ist ein Naturwunder und das sensibelste, feinste und präziseste „Instrument", das es auf der Welt gibt. Es mag Computer geben, die taktile Werte genauer ausrechnen oder Maschinen, die genauer arbeiten, aber sie ersetzen nur immer einen Teilbereich der Hand. Die menschliche Hand ist der unmittelbare Ausdruck von Gefühl und Geist. Die Berührung einer Hand oder auch nur die Nähe von angenehmen, Wärme ausstrahlenden Händen kann durch keine noch so feudale Lampe ersetzt werden.

Was wir mit den Händen tun, hat immer mehr Bedeutung, als wenn wir es nur theoretisch überdenken. Wir können uns hinter Worten verstecken, uns beherrschen, freundlich dort sein, wo wir innerlich kochen. Aber jemanden mit der Hand sanft zu berühren, fordert uns als ganzen Menschen, denn sie ist der Mittler zwischen zwei Seelen. Tröstende, zärtliche, liebevolle, helfende, starke und sanfte Hände sind etwas Wunderbares.

Schauen Sie einmal diese einmaligen und feinen Ausdrucksinstrumente an. Bewegen Sie Ihre Finger und biegen Sie die Hände in alle Richtungen. Formen Sie eine Kralle, eine Spinne, versuchen Sie eine Wellenbewegung, lassen Sie Ihre Hände „tanzen". Sie werden spüren, daß Ihre Hände mit Ihren Gefühlen und Ihren inneren Bildern tief verbunden sind.

Achten Sie doch einmal auf den Moment, in dem Ihnen jemand die Hand gibt. Beobachten Sie, wie die Mimik Ihres Gegenübers mit dem Händedruck korrespondiert. Spüren Sie, was von einem Menschen herüberkommt, wenn er Ihnen die Hand reicht.

Sicher haben Sie noch nicht darüber nachgedacht, daß Sie, wenn Sie jemandem die Hand zum Gruß reichen, sich im Grunde ganz offenbaren. Natürlich nur, sofern der andere Ihren Händedruck zu deuten und in Ihrer Hand zu „lesen" vermag.

Die Handlinien

Hände enthalten unsere Lebensgeschichte, ausgeprägt durch die sogenannten Handlinien, von denen die wichtigsten auf der Abbildung zu sehen sind.

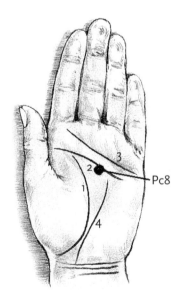

Handlinien: 1 Lebenslinie, 2 Kopflinie, 3 Herzlinie, 4 Schicksalslinie, Pc8 Akupunkturpunkt

Es ist hier nicht der Ort, Handlinien zu deuten, aber da sie etwas über den Lebensverlauf (Lebenslinie), die Art des Denkens (Kopflinie), den Mut zu Neuem (Herzlinie) und die Gesundheit und Kreativität (Schicksalslinie) aussagen, dürfte klar sein, daß die Hände sehr starke Energieträger sind, sozusagen geballte „Ladungen" vieler verschiedener Fähigkeiten. Ob man nun ausgesprochen geschickte oder „zwei linke Hände" hat, jeder Mensch besitzt ein ungeheures Energiepotential in ihnen. Man mag keinen Schraubenzieher vernünftig bedienen können, aber Heilerhände haben, mag keine zarten Blumenarrangements vollführen können, aber aus einem Musikinstrument Musik hervorzaubern.

Hände sind als einziges „Werkzeug" in der Lage, vom sanftesten zum brutalsten Einsatz zu wechseln, je nachdem, welches Bewußtsein sie leitet. Auch die Geräte, die wir mit ihnen führen, seien es Blumen, Taktstock oder Keule, spiegeln das menschliche Denken wider. Es ist bezeichnend, daß der Pilot des Flugzeugs, das über Hiroshima die erste Atombombe abwarf, in seinem Leben nicht damit fertig wurde, daß er mit der Hand den Auslöser betätigte. Er hatte alles über die Atombombe gelernt, wußte, was sie bewirken kann, aber er zerbrach psychisch daran, daß seine Hand dieses Wissen materialisierte und Abertausende von Menschen tötete. Was immer wir Menschen für Schreckensinstrumente erfinden, irgendwann ist die Hand im Spiel, die ausführt, was dem Bewußtsein entspricht. Wenn das Bewußtsein mit Mordgedanken angefüllt ist, entstehen entsprechende negative Emotionen, und so kann sich die Hand zum Würgegriff schließen oder zuschlagen. Ist unser Bewußtsein von Mitgefühl erfüllt, bilden sich entsprechende Emotionen und öffnen sich unsere Hände, um Hilfe zu spenden. Hände setzen den Gedanken oder mentalen Laserstrahl in die Tat um.

Sie spiegeln aber nicht nur unsere geistigen und emotionalen Fähigkeiten wider, sondern auch unseren Körper. Die Hand-Reflexzonen, von denen Sie eine Abbildung auf S. 29 finden, zeigen die wichtigsten Organbereiche und -funktionen, mit denen wir uns später noch intensiv beschäftigen werden.

Wenn wir die einzelnen Reflexzonen drücken, können sowohl

angenehme als auch unangenehme Empfindungen auftreten. Diese Zonen sind Reizleiter zu den Organen und zeigen zunächst einmal den energetischen Zustand an. Tut die Blasenzone weh, so heißt das nicht unbedingt, daß die organische Blase krank ist, sondern zunächst einmal, daß hier eine energetische Disharmonie besteht.

Der Akupunkturpunkt Pc8

Ende der siebziger Jahre stellten chinesische Qi-Forscher einen neuentwickelten Sensor vor, mit dem sie an einer millimeterkleinen Stelle auf den Händen von Heilern rätselhafte elektrophysiologische Unterschiede zur umgebenden Haut maßen: nämlich exakt über dem Akupunkturpunkt Pc8 in der Mitte der Handfläche. Tritt dort das Qi, die heilende Lebensenergie, von Handauflegern aus?

Harald Wiesendanger

Der Akupunkturpunkt, von dem hier die Rede ist, liegt in der Nierenzone: In der chinesischen Akupunkturlehre heißt er „Mitte des Handtellers" und gilt als „Punkt des Ausgießens", denn er kühlt das Herz, zerstreut die Hitze und hat eine ausleitende Wirkung. Mit ihm sind auch Gefühlsregungen wie Lachkrämpfe, Jähzorn, Furchtsamkeit und Ängstlichkeit verbunden, also extrovertierte und introvertierte Emotionen, die wiederum an das Feuerelement dieses Punktes und an den Nierenreflexpunkt erinnern. Es gibt keine weitere Zone in der Hand, die solche Extreme vereinbart und bei der solche nach außen strahlenden elektrischen Energien gemessen wurden, wie an diesem 8. Punkt des Kreislauf-Sexus-Meridians.

Die verschiedenen Handtypen

Jeder Mensch hat die Grundlinien und die Reflexzonen. Was uns unterscheidet, sind Verlauf, Intensität und Empfindlichkeit dieser Spiegelbilder unseres physisch-psychischen Seins. Zwar sagen auch die Handlinien viel über Begabungen, aber es bedarf der genauen Kenntnis der einzelnen Linien, Hügel und Täler. Viel deutlicher spricht zu uns die äußere Hand mit ihrer Proportion, Hauttextur und den Bewegungen. Hände erzählen mir, wie jemand mit seinem Tier umgeht, wie er oder sie fühlt und denkt. Die Chirologie der Chinesen, also die Handlesekunst, dient mir hier als Vorbild, wenngleich sie auch medizinisch noch viel mehr Diagnosemöglichkeiten ausschöpft.

Ich möchte ganz bewußt das mentale Heilen, die Geistheilung von der menschlichen Hand her aufrollen, denn es gibt viele Arten der Geistheilung, die sich einfach aus der unterschiedlichen Grundbegabung eines Menschen ergeben. Je nach Handtyp liegt es einem mehr, in direkten körperlichen Kontakt mit einem Tier zu kommen, im Abstand vom Körper die Hände zu halten oder gar keine Hände einzusetzen. Es gibt deshalb keine genormte Geistheilung. Ob die Hände nun ein Tier berühren oder nicht, hat auf die Intensität der Heilenergie und die Erzeugung innerer Bilder gar keine Auswirkung. Man kann in jeder Form intensiv spüren und Heilenergie fließen lassen. Aber für den Lernenden ist es wichtig zu wissen und zu erfahren, daß jede Hand und folglich jede Geistheilungsmethode ihre Berechtigung hat und keine besser als die andere ist. Ich habe noch keine zwei Geistheiler erlebt, die auf die gleiche Art heilen.

Sie haben sicher schon einmal Ihre Hände nachdenklich betrachtet und sich gefragt: Was bin ich für ein Mensch, daß ich diese Hände habe? Was erzählen sie über mich? Was erfahre ich von ihnen über mich? Die Antworten beziehen sich sowohl auf einen selbst, aber auch auf den Umgang mit anderen und wie wir die Welt „berühren".

In der chinesischen Medizin werden die Hände bestimmten Elementen und diese wieder bestimmten Organen zugeordnet. In der abendländischen Elementenlehre sprechen wir von den vier Grundelementen Erde, Wasser, Feuer, Luft und dem fünften Ätherelement, das die vier anderen durchdringt und vereint. In der chinesischen Elementenlehre kennt man auch Erde, Wasser und Feuer, aber hinzu kommen noch das Holz- und das Metallelement. Holz steht für die belebte Pflanzenwelt und bedeutet Wachstum; das Metallelement steht für das Mineralreich der Erze und Kristalle und bedeutet wie das abendländische Ätherelement eine Synthese der vier anderen Elemente. Die Elemente werden als Wandlungsphasen verstanden, an der Körper, Geist und Seele beteiligt sind. Sie erhalten noch eine besondere Komponente durch die Lehre vom Yin, der aufsteigenden, nach innen, und Yang, der absteigenden, nach außen gerichteten Kraft. Diese drei Seinsebenen werden in der sogenannten Entsprechungslehre in viele kleine Bereiche gegliedert. Sie ermöglicht, eine Wandlungsphase von vielerlei Standorten aus zu betrachten.

Für uns ist hier von besonderem Interesse, wie die fünf Elemente, die Organe und die psychischen und geistigen Fähigkeiten einander entsprechen und was sie über unsere natürlichen Anlagen zur Geistheilung aussagen.

Die tolerante Hand (Element Metall)

Diese schlanke, sehnige Hand, wie Sie auf S. 30 abgebildet ist, treffen wir oft bei Frauen an. Die körperlichen Stärken und Schwächen sind Lunge (yin) und Dickdarm (yang). Es ist eine von Natur aus tolerante Hand, deren Eigner zudem eine angeborene starke Intuition besitzt. Die Lebensaufgabe besteht in einem ständigen Bemühen um die Balance zwischen Aufnehmen (Lunge = Atmen) und Loslassen (Dickdarm = Ausscheiden). Wichtige Ziele sind ebenso das Sich-Abgrenzen und Nein-sagen-zu-lernen.

Menschen mit dieser Hand gelten als feinfühlig und doch phlegmatisch: Sie müssen nicht anfassen, um zu spüren. D.h. sie müssen ein Tier nicht andauernd streicheln, um mit ihm Kontakt aufzunehmen. In der Geistheilung wenden sie häufiger die mentalen Formen an, und wenn sie mit den Händen arbeiten, so reicht es ihnen, sie in weitem Abstand vom Körper zu halten.

Menschen mit der „toleranten Hand" sind skeptisch und möchten verstehen, was sie tun. Sie haben eine natürliche Wißbegierde und einen Sinn für Experimente. Sie brauchen Erklärungen für die Vorgänge im feinstofflichen Bereich und wollen nicht einfach glauben, daß Geistheilung funktioniert. Sie prüfen nach und suchen das Feedback, ob und wie ihre Heilungsenergie gewirkt hat. Das macht sie sicher und erhöht ihr Selbstbewußtsein.

Sie zeichnen sich manchmal durch eine gewisse Nüchternheit aus, weil sie ihre Gefühle und Wahrnehmungstiefe nicht gerne öffentlich zur Schau stellen. Das kann dazu führen, daß ein weniger guter Beobachter sie mißversteht, vor allem, wenn dieser „Beobachter" jemand ist, der pausenlos in höheren Sphären schwebt, mit Engeln, Feen und Naturgeistern zu verkehren meint und mitleidig auf jene herabschaut, die ihm nicht folgen können. Im Kreise solcher Menschen fühlt sich der Besitzer der toleranten Hand schnell unwohl und zweifelt an sich, weil er dies alles nicht wahrnimmt. Sein Talent liegt eben in einer weniger emotionalen als mentalen Kommunikation. Menschen mit der toleranten Hand halten deshalb auch selten „Streicheltiere", sondern sind bevorzugt Vogel-, Reptilien- oder Pferdehalter. Wenn sie doch Hunde oder Katzen halten, dann eher solche Rassen, die nicht verschmust sind.

Die kreative Hand (Element Wasser)

Diese, wie Sie der Abbildung auf S. 30 entnehmen können, konisch nach außen geformte, spatelförmige Hand treffen wir bei Männern und Frauen gleichermaßen an. Sie weist auf ein angeborenes künstlerisches Talent hin, einerlei, ob jemand professionell in den Schönen Künsten zu Hause ist oder als Hobby. Menschen mit dieser Hand sind kreativ, geistig sehr rege und begeisterungsfähig. Sie lieben Eleganz und die Kultivierung des Geschmacks. Sie arbeiten selten körperlich und wenn, dann gestalten sie etwas schöpferisch, sei es einen Garten oder eine Skulptur oder ein Gemälde.

Die körperlichen Stärken und Schwächen sind Niere (yin) und Blase (yang). Da die beiden Meridiane und Organe dem Wasserelement angehören und Wasser für Emotionen steht, ist das Lebensthema der kreativen Hand, sich auszudrücken und ihren Empfindungen Ausdruck zu verleihen. Diese Hand will noch viel weniger als die tolerante Hand taktil die Welt erfassen. Ihr Eigentümer kann sich an der lautlosen Eleganz schönfarbiger Fische im Aquarium oder an einer schön gestalteten Landschaftsvoliere mit vielen bunten Vögeln erfreuen. Seine Stärke ist die Betrachtung, er sucht weder die hautnahe Nähe zu Tieren noch zu Menschen. Er oder sie ist äußerst sensitiv und besitzt eine große Wahrnehmungsgabe. Nicht selten finden wir hier die Naturtalente der Hellsichtigkeit, aber, und das ist bemerkenswert, auch die „geborenen Heiler". So nennen wir die Menschen mit einer sehr starken Heilenergie, die wie ein Laserstrahl aus den Händen strömt. Da sie nicht von Natur aus mit den Händen arbeiten, müssen sie lernen, diese Energie zu disziplinieren. Und da sie sehr emotionale Menschen sind, auch leicht zu verletzen, bemühen sie sich ständig, ihre Sensibilität zu schützen.

Die begabte, kreative Hand „reißt" sich nie um Geistheilung, sondern kann sogar Angst davor empfinden. Doch diese Angst resultiert nicht aus dem Gefühl, keine Heilenergie zu haben und senden zu können. Sie ist vielmehr die Angst vor dem großen inneren Potential, das unterschwellig spürbar ist. Man könnte auch sagen: Es ist die Angst vor dem wahren Talent.

Wenn Menschen mit dieser Hand nicht ihre Kreativität leben, sind sie pausenlos mit sich und ihren Problemen beschäftigt. Sie neigen dann zu Neurosen, Phobien und tausend Ängsten, die sie auf ihr Tier projizieren. Neurotische, verhaltensgestörte Tiere stammen nicht selten aus einem Haushalt, in dem die Bezugsperson ihre Talente nicht lebt. Da sie ihr Leben nicht „in die Hand" nimmt und das Problem „anpackt", um es zu lösen, befindet sie sich in einem Teufelskreis. Das Erkennen der kreativen Hand, die wie schon ausgeführt zum emotionalen Wasserelement gehört, weist den Weg zur Lösung: Das Schaffen eines Kanals, in den die ganze angestaute schöpferische Kraft fließen kann. Kommt die Kreativität in Bewegung, so entfaltet sich auch die natürliche Sensitivität.

Kein Handtyp veranschaulicht so deutlich wie die Hand des Wasserelements, daß große Begabung oftmals erst durch harte Arbeit an

Papageienbaby „Lisa"

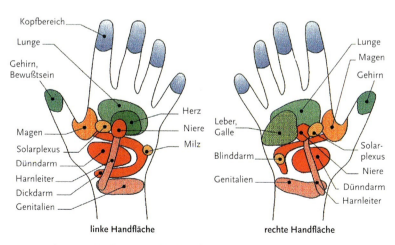

Die wichtigsten Reflexzonen der Hand

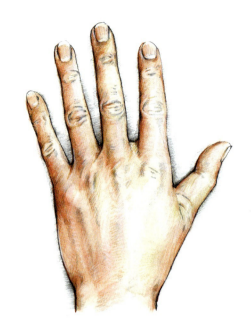

Die typische Metallhand

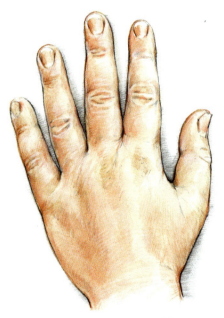

Die typische Wasserhand

sich selbst zutage gefördert wird. Ein überdurchschnittliches Talent fordert eben auch einen überdurchschnittlichen Preis. Es sind selten die überschwenglichen, in höheren Sphären schwebenden Menschen, die große Heilenergie besitzen, sondern oftmals die, die diese Gabe bei sich total ablehnen und Angst vor ihrer Entfaltung haben. Um diese scheinbare Diskrepanz zu durchschauen, braucht man ein geübtes Auge, doch die Hand ist ein untrügliches, beredtes Zeichen.

Die flexible Hand (Element Feuer)

Diese schmale, geschmeidige Hand zeichnet sich durch eine immense Dehnbarkeit und Flexibilität aus, Sie finden eine Abbildung auf S. 47. Die Finger scheinen aus Gummi zu sein, da sie sich in alle möglichen Richtungen drehen und spreizen lassen. Zauberkünstler besitzen oft diese Hand. Es ist eine eher weibliche Hand und gehört leidenschaftlichen, begeisterungsfähigen, sentimentalen, manchmal affektiert wirkenden Menschen, die gestenreich sprechen. Ihr feuriges Temperament kann in hitzige, egozentrische, auch verbitterte Reaktionen umschlagen.

Auf der körperlichen Ebene liegen ihre Stärken und Schwächen bei Herz (yin) und Dünndarm (yang). Sie haben eine große Herzensenergie, verströmen und verausgaben sich aber leicht. Wenn sie sich für eine Sache begeistern, kennen sie keine Grenzen, sind couragiert und können sehr schnell sehr viel Energie freisetzen. Die flexible Hand ist nervös und bevorzugt deshalb Tiere, die selbst auch beweglich sind wie z.b. Vögel, schnelle Hunde, Vollblutpferde oder auch tropische Spinnen.

Diese Hand berührt schnell und intensiv, sie verweilt nicht, denn sie braucht immer wieder neue Erfahrungen. Ihre Ruhelosigkeit verlangt von einem Tier große Anpassungsfähigkeit. Ihr Spieltrieb kommt allerdings verspielten Tieren sehr entgegen.

Es leuchtet ein, daß sich der Besitzer einer „Feuerhand" nicht zu stiller und langer Meditation aufrufen läßt. Er oder sie braucht Bewegung, Flexibilität und Abwechslung. In der Geistheilung haben sie das Bedürfnis, alle möglichen Arten auszuprobieren und sich nicht gleich festzulegen. Sie verfügen über die natürliche Gabe der Imagination, der inneren Bilder und der spontanen Wahrnehmung. Der begeisterungsfähige, feurige Mensch braucht allerdings einen guten Anker, sonst hebt er sich in schwindelnde Höhen, phantasiert und erliegt seiner Einbildungskraft.

Es ist amüsant, wenn sich Menschen mit einer flexiblen und einer kreativen Hand nah begegnen. Der Feurige regt sich über die tausend Ängste des Wäßrigen auf, der Wäßrige versteht nicht, wie man einfach alles ausprobieren kann, ohne bei einer Sache zu bleiben. Wenn es auch nicht immer leicht ist, mit den impulsiven, immer in Bewegung befindlichen Eignern der flexiblen Hand umzugehen, so bringen doch gerade sie die Leichtigkeit, das Licht und die Fröhlichkeit in eine Gruppe Übender.

Die konfliktbereite Hand (Element Holz)

Diese gut proportionierte, wenig fleischige Hand trifft man bei Männern und Frauen, eine Abbildung finden Sie auf S. 47. Man erkennt sie sofort an dem herzhaften Griff und an der Knotenbildung am mittleren Fingergelenk. Menschen mit dieser Hand sind konfliktbereit, sie gehen den Problemen und Anforderungen des Lebens nicht aus dem Weg, sondern setzen sich damit auseinander. Sie streben Lösungen an und keine endlosen Diskussionen. Sie haben ein nervöses Temperament und können cholerisch veranlagt sein. Sie lieben die Selbstkontrolle, so daß man unter ihnen schwerlich jemanden finden wird, der sich emotional gehen läßt, wenn er nicht zuvor über die Maßen gereizt wird.

Mit ihrem Händedruck vermitteln sie schon ihre Bereitschaft der Kooperation, des Wohlwollens und der Aufrichtigkeit. Menschen mit der konfliktbereiten Hand halten oft behaarte Tiere, die sie gerne und intensiv berühren. Ihre Gabe ist oftmals die Diagnostik. Sie streichen über den Körper und können einem ausführlich mitteilen, was ihre Hände alles wahrgenommen haben. Es sind sehende und hörende Hände. Wenn man Menschen mit dieser Hand beim Geistheilen beobachtet, dann scheinen sie in das zu lauschen, was sie fühlen. So wie die Gabe dieser Menschen ist, genau zuzuhören, wenn man ihnen etwas erzählt, so hören sie auch zu, wenn sie etwas tun. Sie brauchen nicht wie die tolerante Hand Erklärungen, wie Geistheilung „funktioniert", sondern sie verstehen, was sie tun. Ihre Wahrnehmungen wollen sie in Worte fassen können, was ihnen aufgrund ihrer natürlichen Anlage auch meistens gelingt.

Die körperlichen Stärken und Schwächen sind Leber (yin) und Galle (yang), und diese Organe produzieren extrovertierte Energien und somit auch extrovertierte Krankheiten. Wir sagen umgangssprachlich: „Dem ist eine Laus über die Leber gelaufen" oder „Ihr läuft die Galle über". Hier ist sehr viel aktive Energie im Spiel, die genutzt werden will, sehr viel Warmherzigkeit und Gewandtheit, die Aufgaben braucht. Aber nicht wie beim feurigen Element, um die Nervosität und Bewegung zu disziplinieren, sondern um die Energien frei fließen lassen zu können.

Menschen mit der konfliktbereiten Hand vertragen keine Einschränkung, was man darf und was nicht, sie bestimmen selbst und vertreten, wenn nötig, mit lauter Stimme ihren Standpunkt. Da sie auch einen ausgeprägten Sehsinn haben, beobachten sie genau und lassen sich nicht so schnell täuschen. Sie prüfen, ob ihnen eine Heilungsmethode gut tut, ehe sie sich auf etwas einlassen. Oftmals spüren sie die Krankheit eines Tieres am eigenen Körper, wenn sie die Hände auflegen, und müssen lernen, sich abzugrenzen. Wenn sie einmal ihren Weg gefunden haben, sind sie sehr zuverlässige, gewissenhafte und aufrichtige Heiler.

Die praktische Hand (Element Erde)

Die praktische Hand ist am leichtesten zu erkennen, denn sie ist viereckig, fleischig, dick und mollig; vergleichen Sie auf S. 48. Sie liebt den direkten Körperkontakt und hat die größte Begabung des Tastsinns. Sie taucht häufiger bei Männern als bei Frauen auf, liebt das Praktische und strömt Zuverlässigkeit, Verläßlichkeit und Trost aus. Man fühlt sich bei Menschen mit dieser Hand gut aufgehoben und sicher. Wenn sie die Hand auflegen, verbreitet sich sofort ein Wohlgefühl. Der Besitzer dieser Hand sucht im Leben ebenfalls das Wohlgefühl und ist darauf bedacht, in seiner Mitte zu verweilen. In der chinesischen Medizin steht das Erdelement für die Mitte. Auch die zugeordneten Meridiane bzw. Organe, Milz (yin) und Magen (yang), stehen für Zufriedenheit und Wohlgefühl, das in der Körpermitte empfunden wird.

Es ist bezeichnend, daß die generationenlange Erziehung des Mannes keine Rücksicht auf dieses natürliche Bedürfnis nahm, sondern immer nur Leistung und Zurückstellung der Gefühle forderte. Was Wunder, daß gerade unter Männern mit der praktischen Hand der „Macher" entstand, ein Kunstgebilde, der gegen seine Natur und gegen sein Harmoniebedürfnis lebt. Zweifellos kann die praktische Hand hart arbeiten und in jeder Hinsicht „zupacken", aber es wäre weit gefehlt, wollte man diese Hand einem harten oder groben Bewußtsein zuordnen. Der „Machertyp" entsteht dort, wo die Eltern nicht erlauben, daß sich der heranwachsende Mann Zeit nimmt, sich zu spüren, seine Mitte wahrzunehmen und sich wohlzufühlen.

Erst aus diesem Wohlgefühl in der Mitte heraus kann sich ein großes Heilertalent entfalten. Menschen mit der praktischen Hand haben die natürliche Gabe des positiven Denkens, es ist wohltuend, in ihrer Nähe zu sein. Sie brauchen jedoch einen geordneten Lebenswandel und ausreichenden Schlaf, um immer wieder aus ihrer Mitte heraus agieren zu können.

Ich habe oft die irrige Ansicht gehört und erlebt, Heilerhände müßten schlank und filigran sein. Das sind naive Vorstellungen, denn die Heilenergie sucht sich immer die passenden Hände. Wie oft habe ich auch erlebt, daß ein Mann mit einer praktischen Hand sagte: „Ich kann bestimmt diese Übungen nicht machen, ich habe viel zu grobe Hände." Er hat vielleicht einmal einen Geistheiler gesehen, der seine Hände im Abstand von 50 cm von dem Kranken hielt und auf diese Weise heilte. Er ist dann sehr überrascht, daß es keine Norm gibt, sondern jeder seinen Weg finden muß, um die

Heilenergie fließen zu lassen. Ich erzähle gerne mein erstes Erlebnis mit einer schwarzen Heilerin in London, die wahre Pranken hatte und doch mein arthritisches Knie in 5 Minuten heilte. Es ging eine solche Urkraft von dieser Frau aus, eine solche Erdbezogenheit und große Güte, daß ich mein damaliges Bild vom spillerigen, ätherischen Geistheiler schnell ablegte.

Der Mensch mit einer praktischen Hand ist nicht zimperlich, er hält viel aus, braucht aber immer wieder Zeit für sich, um seine inneren Batterien aufzuladen. In der Tierhaltung bevorzugt er Tiere mit kurzhaarigem Fell (Pferde, Kühe, Hunde) oder nackter Haut (Schweine), um möglichst dicht am Körper zu sein. Er denkt, bevor seine Hände handeln. Diese Umsichtigkeit ist in der Geistheilung Gold wert, denn seine Hände spüren sofort, wo etwas im Körper nicht in Harmonie ist. Sie decken Blockaden auf und spüren, wie die Heilenergie fließt. Unter ihnen gibt es die Begabung, die Heilenergie an einen bestimmten Ort im Körper zu lenken.

Diese fünf Grundtypen der Hände sind als Anhaltspunkte zu verstehen, nicht als Festlegung und Klassifizierung oder gar Wertung. Die Beschreibung soll uns verständlich machen, daß es keine unbegabten Hände gibt, sondern nur verschiedene.
Die meisten Menschen haben „Mischhände", d.h. es fließen verschiedene Gaben und Tendenzen hinein, aber man kann immer eine Grundform erkennen, die etwas über die Basiskräfte aussagt. Diese Kräfte machen noch einmal deutlich, daß die Hände die ausführenden „Organe" des Bewußtseins sind. Das Bewußtsein entwickelt, bis es die Hände erreicht, emotionale und mentale Energien, die letztlich dafür verantwortlich sind, wie die Hände eingesetzt werden.

Die Hand als Wahrnehmungsinstrument

Was wir in den Händen spüren, trügt nicht, wir müssen nur auf die Hände hören. Blinde Menschen sehen mit den Händen, ein Kleinkind erfährt die Welt durch das Tasten. Wir unterscheiden sehr genau, von wem wir mit den Händen berührt werden wollen und von wem nicht. Ich erinnere mich an jene Zeit, als ich begeistert den Film „Heilende Hände" mit Tom Johanson auf Teneriffa sah und mir vorstellte, wie wunderbar es sein muß, anderen mit Händen zu helfen, die nicht den Körper berühren müssen. Ein paar Jahre später lernte ich dann Tom Johanson persönlich in London kennen. Als er ein verkrüppeltes Mädchen behandelte, fragte ich ihn, wie sich das in den Händen anfühle. Er sagte: „Ein Energiestrom beginnt zu fließen, du mußt nur erst die richtige Einstellung dazu finden und erst einmal spüren lernen."

Heilen ist eine gebende Geste, die unlösbar mit einer nehmenden, besser gesagt, mit einer aufnehmenden verbunden ist. Das wird oft übersehen. Man nimmt nicht etwa als erstes kosmische Energie auf, sondern als erstes wird die Hand ein Wahrnehmungsinstrument, während sie gibt.

Deshalb beginnt die Schulung der Heilenergie damit, daß man spüren, wahrnehmen und dem ersten Eindruck vertrauen lernt. Ebenso aber auch, daß man seine Eindrücke verstehen lernt. Besonders das letztere ist wichtig, denn die Hand kann wie eine Wünschelrute, wie ein Geigerzähler, wie ein hochsensibles Meßinstrument fungieren. Es reicht aber nicht, daß die Hand auf eine externe Energie reagiert, wir müssen die Reaktion einordnen können, sonst erliegen wir sehr schnell der Einbildungskraft und dem Wunschdenken. Es gibt auch keine Regel, welche Energie auf welche Weise wahrgenommen werden soll. Wir haben im vorigen Kapitel gesehen, daß jede Hand andere Qualitäten besitzt, folglich nimmt auch jeder anders wahr. Das bedeutet, ein visueller Mensch nimmt anders über die Hände wahr als ein auditiver oder taktiler. Sobald wir die Hände als Sinnesorgan einsetzen, wird unsere rechte, kreative, ganzheitlich wahrnehmende Gehirnhälfte stimuliert. Es entstehen Empfindungen und innere Bilder. Das können Symbole, Farben oder fotoähnliche Bilder sein. Unsere inneren Bilder sind die kostbaren Beweise dafür, daß wir etwas wahrnehmen. Wir müssen aber auch den nächsten Schritt vollziehen und unsere Bilder verstehen lernen: Da sie unsere ureigensten sind, können nur wir sie verstehen, niemand sonst. Sie haben sicher schon die Erfahrung gemacht, wie schwer es ist, einem anderen Menschen einen eigenen Traum zu schildern. So ähnlich ist es auch mit der Wahrnehmung durch die Hände. Das wollen wir uns näher anschauen.

Dazu erinnern wir uns noch einmal der fünf Handtypen:

- Die praktische oder „Erdhand" will berühren, sie nimmt taktil wahr.
- Die konfliktbereite oder „Holzhand" möchte berühren, sie nimmt mental wahr.
- Die flexible oder „Feuerhand" berührt schnell und intensiv, sie nimmt emotional wahr.
- Die tolerante oder „Metallhand" will nicht berühren, sie nimmt mental wahr.
- Die kreative oder „Wasserhand" will nicht berühren, sie nimmt emotional wahr.

Die vier Ebenen der Aura

Gehen wir von einem Tier aus, so bewegt sich einerseits eine menschliche Hand verschieden dicht an seinen Körper heran und nimmt in diesen verschiedenen Abständen auch verschieden wahr, nämlich körperlich, emotional oder mental. Um das zu verstehen, benötigen wir ein anderes Verständnis von Körper.

Ich nenne es die „feinstoffliche Anatomie", die mehr ist als der Körper aus Knochen, Fleisch und Zellen. Die feinstoffliche Anatomie ist genauso real wie der physische Körper, nur ist sie meistens für das physische Auge unsichtbar. Sie wird auch „Aura" genannt und ist im Grunde nichts anderes als die Ausstrahlung (Emanation) verschiedener Energien. Eine körperliche Energie hat andere Auslöser und eine andere Auswirkung als eine emotionale, diese wieder eine andere als eine mentale Energie.

Heilende Hände tauchen in diese energetischen Ausstrahlungen hinein und nehmen in den verschiedenen „Schichten" wahr. Die Aura eines Lebewesens wird oft als verschieden dichte Schichtung dargestellt. Doch das ist eine krasse Vereinfachung, weil es sich um pulsierende, schwingende Energien handelt, die vor allem im emotionalen Bereich ständig in Bewegung sind.

Nähern wir uns mit den Händen dem Energiefeld, so nehmen wir von ihm nur das wahr, was uns gemäß ist, d.h. subjektiv und individuell. Das äußert sich in der Art der Bilder und Empfindungen. Da man zu Beginn nicht gewohnt ist, durch die Hände visuelle oder auditive oder emotionale Wahrnehmungen zu bekommen, muß man erst lernen, diese Bilder zu verstehen. Nun kommt noch etwas Besonderes hinzu: Auch wenn jemand den Körper eines Tieres unmittelbar berührt, entscheidet die Intention des Menschen, welcher Art die Wahrnehmung ist.

Der materielle Körper

Beim Tier gehe ich zunächst einmal nur von vier verschieden dichten Ebenen aus. Die dichteste ist die sichtbare, materielle Ebene, die uns allen vertraut ist. Hier erkennen wir, daß ein Dalmatiner anders aussieht als ein Schäferhund, und daß ein Dackel sich anders verhält als ein Berner Sennenhund. Wir nehmen mit dem unterscheidenden Bewußtsein unzählige Details wahr. Dazu setzen wir besonders die Qualitäten der linken Gehirnhemisphäre ein, die ein Faktum an das andere reiht, logische Schlüsse zieht und die Absicherung braucht, daß die Dinge so sind, wie sie sich dem physischen Auge darstellen.

Sobald der Hund berührt wird, beginnt ein höchst komplizierter und komplexer Prozeß zwischen Hund und Mensch. Doch was davon nach außen dringt und für einen Außenstehenden nachvollziehbar ist, hängt vom Bewußtsein des Berührenden ab. Nehmen wir an, Person A ist jemand, der oder die keinen Bezug zu Hunden hat und allgemein im Leben nur dem vertraut, was sie mit den Händen anfassen kann. Ihre Hand wird feststellen, daß der Hund zum Beispiel ein weiches, langhaariges Fell hat, mehr jedoch nicht.

Nehmen wir an, jetzt wird derselbe Hund von Person B berührt, die ein großes Wissen über Hunde hat, aber auch nur die Körperebene wahrnimmt bzw. nur dem vertraut, was die Hände auf dieser Ebene spüren. Diese Person wird mitteilen, wo die Leber sitzt, ob es beim Abtasten des Körpers Abweichungen vom „Normalen" gibt, und zu einem Fazit aus allen ertasteten Fakten kommen: „Der Hund hat ..."

Aber schon auf dieser Stufe arbeitet der Tastende mit Bildern, denn er faßt nicht tatsächlich die Leber innen im Körper an oder streicht am Dickdarm entlang. In seinem Gedächtnis sind Erfahrungen als Bilder abgespeichert, d.h. er hat vielleicht einmal einen Hundekörper während des Studiums der Veterinärmedizin geöffnet und hineingeschaut, wo welche Organe liegen. Berührt Person B also den Körper des lebendigen Hundes, so ruft sie sich diese inneren „Fotos" in Erinnerung. Der geschulte Blick eines Veterinärmediziners muß beispielsweise den an Fettsucht leidenden Hund nicht erst anfassen, um eine Fettleber zu diagnostizieren: Er hat viele ähnliche Bilder von dem äußeren Erscheinungsbild eines Hundes mit Fettleber ebenso gespeichert wie das innere Erscheinungsbild, wenn ein solcher Hund operiert wurde. Der kundige Arzt, der überhaupt nicht an Aura oder Geistheilung glaubt, es womöglich sogar als Humbug abwertet, ohne etwas darüber zu wissen, tut gerade nichts anderes als ein Geistheiler: Er schaut ebenso durch die Haut hindurch und nimmt bildhaft die Zusammenhänge wahr. Das ist so, weil das menschliche Gehirn in Bildern wahrnimmt und Bilder speichert, gleichgültig ob nun im Gehirn eines Mediziners oder Geistheilers. Was ihn vom Geistheiler unterscheidet, ist lediglich der Focus seiner Wahrnehmung. Er schaut nur in eine Richtung, nämlich auf die materielle Ebene, und stellt sich blind und taub für die anderen Ebenen. Es interessiert ihn auch nicht, was der Hund als Energieträger nach außen abstrahlt. Der Hund ist hier ein Sammellager unzähliger Fakten und im Labor nachweisbarer und meßbarer Werte. Ist Person B ein Tierpsychologe, der nur die materiellen Ebenen focussiert, so findet auch bei ihm das Abrufen von bildhaften Erfahrungen statt, zum Beispiel Verhaltensweisen beim Thema Aggression. Die Kompetenz besteht darin, viele Bilder aggressiven Hundeverhaltens erlebt und gespeichert zu haben, so daß, wenn der Hund X auftaucht, alle X-ähnlichen Bilder abrufbar sind.

Person A und B nehmen in dem Zusammentreffen mit dem Hund aktiv wahr, während der Hund passiv bleibt bzw. sein Anteil an der Wahrnehmung unbeachtet bleibt. Mensch und Hund sind hier nicht ebenbürtig.

Die physische Aura

Nehmen wir an, Person C hat die praktischen Hände, die unbedingt berühren wollen, die also taktil erleben. Nun ändert sich alles, wenn Person C den Hund erstens als ebenbürtige, individuelle Persönlichkeit akzeptiert, zweitens den Focus dahingehend verändert, daß sie passiv bleibt und „nur" wahrnimmt, was von dem Hund energetisch ausstrahlt. Person C nimmt nun passiv wahr. Sie legt die Hände irgendwo sanft auf den Körper, um gleich einem Radarschirm die energetischen Impulse aufzufangen. Wir befinden uns zwar jetzt auch auf der materiellen Ebene, weil Person C den Körper berührt. Aber sie müßte es nicht, da ihre Informationsquelle die zweite Ebene ist, die auch „physische Aura" genannt wird.

In den alten esoterischen Wissenschaften des Abendlandes und Asiens wird diese Ausstrahlung (Emanation) nahe am Körper als „Ätherleib" bezeichnet. Wir hörten schon, daß das fünfte Element Äther die vier Grundelemente Erde, Wasser, Feuer, Luft durchdringt und gleichzeitig eine Synthese darstellt. Die Hände von Person C liegen auf dem Hundekörper, nicht in ihm, d.h. genau auf dem Übergang von der Materie zur ätherischen Aura. Wenn sie passiv wahrnimmt und einfach die energetischen Informationen dieser Aura auf sich wirken läßt, hat sie nur ein klein wenig den Fokus von der groben materiellen Ebene zur nächst feinstofflicheren gewendet. Die physische Aura hat noch soviel Materie, daß man sie mittels der Kirlianfotografie sichtbar machen kann. Sie ist auch die Ebene der Meridianabstrahlung (siehe Abbildung S. 48).

Die ganzheitlich orientierten Biowissenschaften der letzten Jahrzehnte sind noch zu einem anderen Schluß gekommen, der zwar schon seit Jahrtausenden bei den Chinesen und Indern bekannt ist, aber unserem Bewußtsein leichter zugänglich ist: Materie und

Energie sind zunächst zwei gleichwertige Seinsformen, wobei die energetische Seinsform diejenige ist, die sich materiell manifestiert. Dies bedeutet aber: Der Ätherleib oder die physische Aura ist die wichtigste Seinsform, denn sie belebt die Materie. Was in ihr geschieht, manifestiert sich im Körper. Das ist zweifellos eine völlig andere Sicht von Leben und Lebensgesetzen. Die Geistheilung wäre ohne diese Sicht gar nicht möglich. Mehr noch, sie ist der beste Beweis für dieses Gesetz, denn auch der Geistheiler, der seine Hände auf den Körper auflegt, nimmt die Speicherungen der physischen Aura wahr, in der alle körperlichen Stärken und Schwächen sowie Erfahrungen abgelegt sind und den materiellen Körper zu dem haben werden lassen, was wir mit den physischen Augen sehen.

Zu Beginn einer Schulung der Heilenergie und Sensitivität lernt man das „Lesen" der physischen Aura, denn hier ist die Materie noch so dicht, daß man sie nicht nur sichtbar machen, sondern auch fühlen kann. Wir kommen später, wenn es um die Übungen geht, noch ausführlich darauf zurück.

Die emotionale Aura

Auf S. 65 sehen wir Person D, die bereits deutlich weiter mit ihren Händen vom Tierkörper entfernt ist. Sie befindet sich in der emotionalen Aura, die beim Säugetier sehr viel größer ist als bei Mensch und Vogel. Sie kann bis zu 50 cm abstrahlen. Nehmen wir an, Person D hat die „kreativen Hände" (Wasserelement), dann geschehen sehr viele Dinge, weil sie emotional wahrnimmt, d.h. sie nimmt alle psychischen Feinheiten des Tieres wahr und spürt sie unter Umständen auch in sich selbst.

Wer auf der emotionalen Ebene arbeitet, braucht einen stabilen Solarplexus, weil er die menschliche Energieebene ist, auf der wir mit unserer Umwelt nonverbal kommunizieren. Menschen, die bei emotionaler Belastung sofort ein flaues Gefühl im Magen bekommen, denen Streß buchstäblich auf den Magen schlägt und die anderer Leute Probleme dort spüren, haben einen unkontrollierten

Solarplexus. Vorstellen müssen wir uns unter dem Solarplexus den Raum unterhalb des Zwerchfells, von dem aus sich das Nervengeflecht in alle Organe hineinverästelt. Man kann sich dieses emotionale Zentrum im Oberbauch wie einen Strudel vorstellen, in dem es zentrifugale (= nach außen strebende) Kräfte, und zentripetale (= nach innen saugende) Kräfte gibt. Wir saugen also Informationen von außen an und geben Informationen von uns an die Außenwelt ab. Wir alle kennen Zustände, in denen wir von Gefühlen förmlich überschwemmt werden, in denen wir nicht mehr Herr unserer Gefühle sind. Hier ist die zentrifugale Kraft aus dem Lot, es fließt alles nach außen, wir können es nicht halten. Werden Gefühle permanent unterdrückt, so kommt es zu emotionalen Verhärtungen, man nimmt nur noch auf (zentripetal) und gibt nichts mehr ab.

Wir können uns nun gut vorstellen, wenn jemand seine Heilenergie schulen möchte und ein sehr emotionaler Mensch ist, daß die Gefahr besteht, mit den Emotionen des Tieres zu sehr zu verschmelzen. Viele psychische Krankheiten sind in der emotionalen Aura des Tieres zu spüren. Wenn es aber keine Trennung zwischen Heiler und Tier gibt, sind die Ergebnisse diffus. Gerade der Eigner der kreativen Hand, dessen Stärke eine äußerst feine Wahrnehmung emotionaler Befindlichkeiten ist, muß zu Beginn der Schulung lernen, seinen Solarplexus in den „Griff" zu bekommen. Dies bedeutet, er muß sich klar gegenüber dem Patienten abgrenzen. Doch gilt das im Grunde für jeden Geistheiler, wie wir noch bei den Übungen sehen werden.

Die mentale Aura

Nehmen wir an, daß die Hände von Person E noch weiter vom Körper entfernt sind. Sie nimmt in der mentalen Aura wahr, die beim Säugetier kleiner ist als bei Mensch und Vogel, etwa 60 cm vom Körper entfernt. Nehmen wir an, sie hat die „tolerante" Hand des Metallelements. Ich konnte oft beobachten, daß Menschen, die im Alltag sehr viel intellektuell arbeiten und diese Handqualität haben, ganz automatisch einen weiten Abstand vom Tierkörper wählen, weil es bei ihnen nicht um fühlende Wahrnehmung geht, sondern um mentale. Das bedeutet, die energetischen Impulse können sowohl von der Körperebene als auch von der emotionalen Ebene stammen, aber sie teilen sich vorwiegend als Symbole, farbige Formen oder fotoähnliche Bilder mit.

Die mentale Ebene ist ganz allgemein die des Denkens. Es leuchtet ein, daß der Eigner der toleranten Hand nur dann eine mentale Wahrnehmungsschärfe erreicht, wenn sein Denken nicht blockiert oder besetzt ist durch zu starke materialistische oder negative Gedankenkraft. Ich sprach vom mentalen Heilen als einer anderen Bezeichnung für Geistheilung, um klarzustellen, daß unser Geist etwas mit der Art und Qualität des Denkens zu tun hat. So wie beim emotional begabten Heiler der Solarplexus an vorderster Stelle diszipliniert werden muß, ist es beim mental begabten das positive, ganzheitliche Denken.

Stellen wir uns nun eine Person F mit einer „flexiblen" Hand (Feuerelement) vor: Sie wird sich selten für eine Ebene entscheiden, sondern ständig wechseln. Allerdings ist ihre Gabe auch im Gegensatz zu der beständigen Art der Wahrnehmung bei den anderen Händen auf Schnelligkeit und Intensität ausgerichtet. Die „Feuerhand" fährt an einer Stelle über dem Körper gleichsam einen Laserstrahl aus und nimmt bildhaft oder emotional die energetische Information des Tieres auf. Das bedingt, daß der Heiler lernt, seinem ersten Eindruck zu vertrauen. Das gehört zwar grundsätzlich zu allen Wahrnehmungs- und Heilungsarten, aber das feurige, unstete Element fordert dies ganz besonders, damit der Eindruck sich nicht zu schnell verflüchtigt.

Die ersten Übungen zur Wahrnehmung

Das Ein- und Ausschalten

Wir haben jetzt schon eine Menge Informationen gesammelt und es wird Zeit, einige grundsätzliche Übungen vorzustellen, die die

Basis der Geistheilung bilden und uns ein Gefühl der Sicherheit vermitteln.

Der erste Schritt dient der Kräftigung des Solarplexus, der Beherrschung der Emotionen und der Fähigkeit, ein- und auszuschalten. Sobald wir die materielle Ebene verlassen, nehmen wir nicht nur Energien wahr, sondern wir verbrauchen auch Energien. Je feiner die Energien sind, mit denen wir umgehen, um so sicherer müssen wir mit beiden Beinen auf der Erde stehen, und um so deutlicher müssen wir die Ebenen wahrnehmen, auf denen wir arbeiten. Sich einfach darauf zu verlassen, daß man irgendwo ankommt und irgendwo wahrnimmt, bringt keine Zuverlässigkeit und Sicherheit. Bei uns sind viele sensitiv begabte Menschen auf Dauerempfang geschaltet. Das führt zu einer Überreizung des Nervensystems, zu einem Schwund integrierter Gehirntätigkeit und zu Täuschungen der Sinneswahrnehmung. Ein klares unterscheidendes Denken zwischen echt und unecht, Wahrnehmung und Einbildung kann nur durch den natürlichen Rhythmus von bewußtem Ein- und Ausschalten geschehen. Warum? Wenn wir im feinstofflichen Energiebereich arbeiten, wechseln wir die Ebenen, und dieser Wechsel geschieht vor allem im Solarplexus, eben dem emotionalen Zentrum im Oberbauch.

Übung 1

Setzen Sie sich bequem hin, die Füße stehen fest auf dem Boden. Visualisieren Sie im Solarplexus, dem Raum unterhalb des Zwerchfells, eine Seeanemone in Form und Farbe Ihrer Wahl. Die Abbildung auf S. 84 gibt Ihnen ein Beispiel. Nicht jeder kann sich das bildlich vorstellen, man kann sie aber genausogut empfinden. Farben und Formen lösen Empfindungen aus. Die Seeanemone sollte ihre feinen Flimmerhärchen analog zum Atem bewegen, sie sollte sich sanft öffnen und schließen. Diese Übung erfordert nur ca. 5 Minuten, doch erfahrungsgemäß verändern diese wenigen Minuten das gesamte Energiefeld eines Menschen.

Die Seeanemone steht symbolisch für die jeweilige energetische

Ebene, mit der wir in Kontakt treten wollen. Das sanfte Aufgehen der „Blüte" steht für das Sichöffnen für diese Ebene, das elegante Schließen der Blüte steht für das Verlassen dieser Ebene.

Manche Menschen stellen sich das Ein- und Ausschalten als Lichtschalter oder Hebel vor, den sie auf „Ein" oder „Aus" drehen. Vor allem Kinder lieben die bildhafte Vorstellung, die gut ist, da sie uns erleichtert, die Wahrnehmungsarbeit, später auch die Heilertätigkeit wieder abzustellen. Dies ist so wichtig, damit wir nicht unbewußt Energien von uns selbst abfließen lassen und um später wieder vollkommen im Hier und Jetzt zu sein.

Bei uns Mitteleuropäern ist das Ausschalten fast noch wichtiger als das Einschalten, weil wir nie etwas über die Ökonomie von Energien gelernt haben. Leicht verausgaben wir uns pausenlos, deshalb sind wir auch so streßanfällig.

Das Empfinden und Wahrnehmen

Die nächste Übung beginnt nun schon am Tier. Grundsätzlich wählen wir zu Beginn ein gesundes Tier. Warum? Es geht zunächst darum, in der individuellen Wahrnehmung Richtwerte zu finden, an denen man sich orientieren kann. Später müssen wir darüber nicht mehr nachdenken, weil die heilenden Hände immer ihren Weg dorthin finden, wo Heilenergie benötigt wird. Damit die Hände aber so selbstverständlich reagieren, brauchen sie Fühlsicherheit oder das Unterscheidungsvermögen, wo gesunde und wo kranke Schwingungen ausgesendet werden.

Sobald Sie am gesunden Tier üben, werden Sie begreifen, was mit „dem ersten Eindruck vertrauen" gemeint ist. Dieser kommt sehr schnell und spontan, weil er von der Kraft der Intuition ausgeht. Um den ersten Eindruck bewußt wahrnehmen und behalten zu können, ist es sinnvoll, sich „einzuschalten" und sich im Bewußtsein klar zu machen, „ich arbeite jetzt auf der feinstofflichen Ebene".

Sicher werden Sie inzwischen schon festgestellt haben, welche Grundtalente Ihre Hände haben. Unabhängig davon muß man aber erst einmal ein Gefühl für die verschiedenen Auraebenen entwickeln und seine Empfindungen und Wahrnehmungen verstehen lernen.

Übung 2

Wählen Sie für die Übung am besten die Ruhezeit des Tieres. Setzen Sie sich bequem hin, beide Füße auf dem Boden. Schließen Sie für einen Moment die Augen, visualisieren Sie Ihre Seeanemone und wählen Sie Ihr Bild, das die Bereitschaft signalisiert, sich für die energetische Tätigkeit zu öffnen. Ist Ihr „Schalter" auf „Ein" eingestellt oder Ihre Seeanemone weit geöffnet, legen Sie beide Hände bei einem entsprechend großen oder eine Hand bei einem entsprechend kleinen Tier auf den Schultergürtel und spüren Sie, welche Empfindungen Sie wahrnehmen.

Erwarten Sie hierbei noch keine spektakulären Dinge, am besten hegen Sie gar keine Erwartungen. Was immer Sie spüren – ein Kribbeln, Wärme, Kühle, saugende, nach außen drängende Energie u.ä. – behalten Sie im Gedächtnis. Wandern Sie mit den Händen in die Körpermitte des Tieres und verharren Sie dort. Merken Sie sich wieder, welche Empfindungen auftauchen.

Sie sollten diese Anfangsübung immer nur bei einem Tier durchführen, das Sie gut kennen und das sich gern von Ihnen berühren läßt. In allen anderen Fällen ist es ratsam, die Hände nicht auf den Körper zu legen, sondern dicht darüber in der physischen Aura. Das empfindet ein fremdes Tier nicht als Bedrohung. Beim Vogel kommt eine direkte Berührung ohnehin nicht in Betracht.

Wenn Sie mit dieser Wahrnehmungsübung fertig sind, setzen Sie sich noch für einen Augenblick mit geschlossenen Augen hin. Schließen Sie Ihre Seeanemone oder betätigen Sie den Aus-Schalter, bedanken Sie sich bei dem Tier für die Zusammenarbeit und verlassen Sie bewußt die feinstoffliche Ebene. Sagen Sie sich, daß Sie voll und ganz ins Hier und Jetzt zurückkehren.

Wenn man diese Grundübung regelmäßig ausführt, werden drei wichtige Dinge klar:

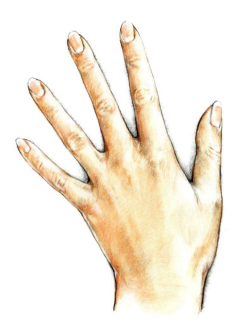

Die typische Feuerhand

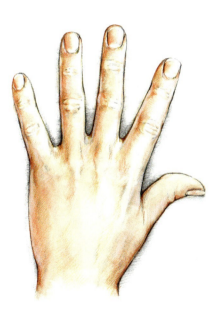

Die typische Holzhand

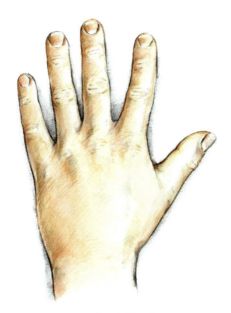

Die typische Erdhand

Die Tierärztin Dr. Sigrid Wellhausen „scannt" mit der rechten Hand den Körper des Foxterriers und achtet darauf, welche Reflexzone reagiert.

Sie fühlt mit der rechten Hand in den Foxterrier hinein und spürt mit der linken Hand, daß der Hund Heilenergien in den Bronchien braucht.

- Feinstoffliche Wahrnehmung ist keine langatmige Meditation, sondern wird durch die Intuition geleitet.
- Die Intuition wird nicht mehr als Zufall betrachtet, sondern als verläßliche Fähigkeit.
- Je besser das bewußte Ein- und Ausschalten gelingt, um so mehr Energie gewinnt man selbst, denn jede sorgfältige Energiearbeit für ein anderes Lebewesen vergrößert das eigene Energiefeld. Nach einer Weile entsteht ein kleiner „Katalog" von Empfindungen, die immer wiederkehren. Sie müssen nicht unbedingt die Anatomie des Tieres kennen, aber es ist gut, ungefähr zu wissen, in welchem Körperbereich Ihre Hände verharren.

Was Sie am Anfang nicht tun sollten:
- Bewegen Sie die Hände nicht zu stark hin und her, weil Sie damit Energien in Bewegung bringen.
- Halten Sie bei keinem Tier die Hände dicht über den Kopf. Dort befinden sich höchst energiestarke Energiepunkte, die nur in besonderen Fällen aktiviert werden sollten. Bei einem extrovertierten Tier kann damit eine aggressive Reaktion ausgelöst werden.
Es ist völlig normal, daß Sie am Anfang meinen, der Körperkontakt böte Sicherheit in der Wahrnehmung. Aber Sie werden schnell merken, daß er immer unwichtiger wird, und daß Ihre Hände fast automatisch einen weiteren Abstand zu Fell, Haut oder Federn suchen und dennoch präzise Empfindungen erhalten. Sie wirken ja nicht auf der materiellen Ebene, sondern auf der feinstofflichen.

Die Empfindungen verstehen

Die dritte Übung schließt sich später unmittelbar an die zweite an, aber da die wenigsten Menschen gewohnt sind, ihre Wahrnehmungen wertfrei zu sehen, hebe ich diesen Aspekt hier besonders heraus. Jeder muß lernen, seine inneren Bilder oder Empfindungen spontan zu verstehen.

Übung 3

Sobald Sie eine Wahrnehmung haben, fragen Sie sofort: Was heißt das für mich? So spontan Sie wahrnehmen, so spontan kommt auch darauf eine Antwort. Nehmen wir an, Sie hatten am Schultergürtel ein warmes, wirbelndes Gefühl. Fragen Sie sich, was das für Sie heißt. Ist es angenehm oder unangenehm? Haben Sie den Eindruck, dem Tier geht es dabei gut? Kommt da zuviel Energie herüber? Was auch immer Sie als intuitive Antwort bekommen, ist richtig in dem Sinne, daß es nur eine subjektive Wahrheit geben kann, nämlich die des Wahrnehmenden. Immer wenn Sie spüren, „Ja, das ist es", gehen Sie weiter in Ihrem Spüren.

Nehmen wir an, Sie haben beim Berühren einen Farbeindruck, so fragen Sie: „Was bedeutet für mich jetzt das Rosa?" Es kommt vielleicht spontan die Antwort: „Dieses Rosa fühlt sich warm an, dem Hund geht es momentan gut." Oder es kommt die Antwort: „Das Rosa fühlt sich so fest an, es steht für eine Blockade."

Es gibt keine bessere oder schlechtere Antwort, da es Ihre ganz subjektive Wahrnehmung ist, die Sie verstehen müssen. Sie sind niemandem Rechenschaft schuldig, da Sie nicht diagnostizieren müssen. Natürlich ist es nützlich, etwas über die Bedeutung von Farben zu wissen, auf die wir später noch sehr ausführlich eingehen, im Augenblick der Wahrnehmung gilt aber dennoch nur Ihr spontaner Eindruck. Jede Farbe hat in diesem Augenblick unzählige Bedeutungsmöglichkeiten.

Viele Heiler, die auf der emotionalen Ebene wirken, haben Farbwahrnehmungen und erkennen durch jahrelanges Training anhand des Farbeindrucks auch sofort, wie es um den Patienten steht. Aber da der Heiler nicht dazu berufen ist, zu diagnostizieren, dient diese Wahrnehmung ausschließlich der eigenen Schulung. Sie ist eminent wichtig, denn wer nichts aufnimmt, d.h. wahrnimmt, hat auch nichts zu geben! Dies wird vor allem in der mitteleuropäischen Esoterikszene gerne übersehen.

Nehmen wir an, Sie erhalten symbolische Bilder. Sobald Ihre Hände auf dem Rücken des Tieres ruhen, sehen Sie vor Ihrem geistigen Auge ein Motorrad, einen Apfel, einen Baum ohne Blätter, einen Flußlauf, der fast über die Ufer tritt usw. Fragen Sie auch hier sofort: „Was sagt mir das Sinnbild des Motorrades?" Steht es für Schnelligkeit? Steht es für einen übertriebenen Fluchttrieb beim Tier? Steht es für ein stolzes Selbstbewußtsein (blitzender Chrom)? Machen Sie sich immer klar, daß Sie mit Ihrer rechten, kreativen und ganzheitlich denkenden Gehirnhälfte aktiv sind, wenn Sie die materielle Ebene verlassen. Das Gehirn arbeitet in Bildern. Das merken wir kaum, wenn alltägliche Dinge verrichtet werden. Doch bei jedem Ansatz zur Entspannung, ob kurz vor dem Einschlafen, kurz vor dem Aufwachen oder bei dieser Übung, treten die Bilder sofort in den Vordergrund. Indem wir mit den Energien eines Tieres in Resonanz kommen, löst diese Interaktion emotionale oder mentale Bilder aus.

Man kann die Wahrnehmungen ganz grob in drei Arten unterteilen, an ihnen stellt sich Ihre Grundbegabung dar:

- Taktile Empfindungen wie weich, hart, schwabbelig, sehnig, verspannt, entspannt usw.
- Emotionale Empfindungen, die sich auch in Farben äußern. Manche sehen eine Farbe aufleuchten, die meisten fühlen die Qualität einer Farbe. Sie sind eng mit einem psychischen Zustand gekoppelt wie: Blau fühlt sich kühl an; Violett vermittelt ein Gefühl, das Tier ist nicht glücklich; Rot ist heiß und temperamentvoll; Grün ist ausgeglichen usw.
- Mentale Bilder, die als klare Strukturen, Formen oder wie ein Foto auftauchen. Es sind meistens Dinge, die uns gut bekannt sind, jedoch hier einen Symbolcharakter annehmen wie das schon beschriebene Motorrad. Bei mental begabten Menschen können auch Szenen auftauchen, die symbolisch zu verstehen sind. Beispiel: Man „sieht", wie sich eine Türe langsam schließt.

Für diese Basisübungen sollte man sich ruhig viel Zeit lassen. Wir erleben sie immer wieder als Anker und Sicherheit. Bevor die nächsten Übungen vorgestellt werden, betrachten wir weitere Qualitäten der Hände.

Die Hand als Energiespender

*Die geheimnisvolle Kraft, die Geistheiler vermitteln, ist keine elektroma-
gnetische Energie – aber sie wird von rätselhaften elektromagnetischen
Veränderungen begleitet. Diesem Phänomen forscht der amerikanische
Psychologe und Physiker Dr. Elmer Green, der Begründer der „Biofeed-
back"-Methode seit vielen Jahren nach. Von vierzehn getesteten Heilern
erreichten manche starke elektrostatische Veränderungen mit Spitzen-
werten bis zu 190 Volt. Eine Kontrollgruppe, zusammengestellt aus Kli-
nikpersonal und Laien, kam nie über vier Volt hinaus.*

Harald Wiesendanger

Wissenschaftler versuchen immer wieder die Heilenergie der
Hände zu erklären und zu messen, aber bis auf die besagte Voltzahl
können sie nichts feststellen, und auch diese Zahl sagt nichts über
die Qualität der Heilenergie aus. Die Hände sind die äußeren Instrumente des Bewußtseins, das Energien lenkt, und das Bewußtsein sitzt nicht im Gehirn, sondern in jeder Zelle.
Geschulte Geistheiler wissenschaftlich zu untersuchen bedeutet,
keine oder fast keine Regeln und Gemeinsamkeiten zu finden, weil
jeder Mensch sein Heilenergiepotential etwas anders nutzt und
weil man von außen nichts beurteilen kann. Mich hat in der Heilerschulung in England fasziniert, daß nicht die außergewöhnli-
chen Talente und die überdurchschnittliche Begabung als Vorbild
dienen. Wichtig ist hier vielmehr die Tatsache, daß jeder Mensch
Heilenergie besitzt und sie ins Fließen bringen kann, wenn er dieses Potential nutzt. Ein großes Talent geht bei sorgfältiger Schulung
ohnehin seinen Weg. Aber ein Geistheiler ist nicht von vornherein
ein überdurchschnittlich Begabter, sondern schlicht jemand, der
sein Heilenergiepotential erkannt, geschult und bei Patienten unter
Beweis gestellt hat.
Es ist müßig, von viel oder wenig Heilenergie zu sprechen, weil es
auf so viele Faktoren ankommt, die harmonisch zusammenfließen
müssen, ehe ein Geistheiler zu dem wird, was ihn auszeichnet: Ein

Mensch, der einer bedingungslosen Liebe fähig ist, der ein großes Mitgefühl für alle Geschöpfe hat und der geschult ist, seine Energien fließen zu lassen. Und das ist eine Bewußtseinsschulung, die auf sehr kreativen und pragmatischen Übungen basiert. Will man wirklich die Arbeit eines Geistheilers verstehen und erklären, muß man den pragmatischen Sinn der Schulung verstehen. Dann wird klar, daß noch so spektakuläre Messungen gar nichts aussagen und aussagen können.

Exkurs: Die Fingerenergetik

Inzwischen haben Sie schon an sich selbst erfahren, daß im Prozeß der Wahrnehmung mit den Händen auch zugleich etwas mit dem Tier geschieht. D.h. es fließt auch Energie aus Ihren Händen. Das ist auch nicht weiter verwunderlich, denn wie eingangs erläutert, hat die menschliche Hand sowohl Reflexzonen als auch Meridianend- und anfangspunkte. Schauen wir uns zunächst die Meridianpunkte an, wie sie auf den beiden Abbildungen zu sehen sind.

Die Ting-Punkte an der Hand wie auch am Fuß hat jeder. Je nach Handtyp, damit auch Schwerpunkt eines Elements, kommt die Energie der Meridianpunkte, die an den Fingerspitzen dicht unter

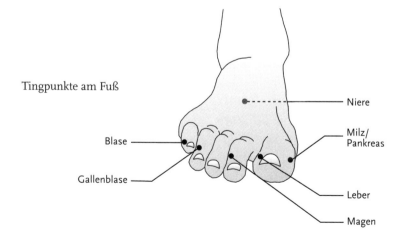

Tingpunkte am Fuß

Niere

Blase

Milz/
Pankreas

Gallenblase

Leber

Magen

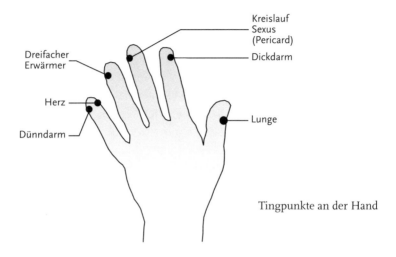

Kreislauf
Sexus
(Pericard)

Dreifacher
Erwärmer

Dickdarm

Herz

Lunge

Dünndarm

Tingpunkte an der Hand

der Hautoberfläche liegen, verschieden stark in Bewegung. Die ruhigste Hand ist die praktische (Erdelement), die beweglichste ist die flexible (Feuerelement). Sicher haben Sie das schon im täglichen Leben beobachtet: Es gibt Menschen, die kaum ihre Hände beim Sprechen bewegen und solche, die heftig herumgestikulieren wie die konfliktbereite Hand (Holzelement). Dann gibt es welche, die nervös ein Papiertaschentuch zerbröseln, während sie etwas Emotionales erzählen wie z.b. die tolerante Hand (Metallelement) oder jene, die während des Sprechens und Telefonierens kleine Zeichnungen anfertigen wie die kreative Hand (Wasserelement). Handbewegungen, Gesten und Fingerspiele sollten wir nicht als psychologische Fehlleistung beurteilen, nur weil wir vielleicht von Eltern oder Lehrern gemahnt wurden, nicht so mit den Händen zu sprechen. Unsere Hand ist ein Ausdrucksorgan, das am stärksten beim Sprechen aktiviert wird.

Die Inder sind die größten Erforscher der Fingerenergetik. Sie entwickelten innerhalb der Yogawissenschaft die sogenannten Mudras, die Fingerposen und -gesten, die wir bei den indischen Gottheiten und Buddhastatuen, aber auch in allen südostasiatischen Tanzkünsten antreffen. Durch die Mudras (wörtlich „Siegel") werden bestimmte Kräfte entladen und gebündelt. Was sind das für Kräfte, die in Bewegung geraten? Wenn wir die Meridianpunkte an den Fingern, die sogenannten „Tingpunkte", im Blickpunkt der chinesischen Entsprechungslehre sehen, tun sich interessante Energiefelder auf: Herz und Dünndarm am kleinen Finger stehen für Lebensfreude (Feuerelement). In der alltäglichen Arbeit scheint der kleine Finger der schwächste zu sein, aber er gibt der Greifhand die nötige Sicherheit. Seine Stärke liegt nicht so sehr im materiellen Bereich als vielmehr im mentalen, er wird deshalb dem Planeten Merkur zugeordnet. So wie das Element Feuer eine starke Kontrolle benötigt, um nicht große Verwüstungen anzurichten, so braucht auch im übertragenen Sinne das Feuer des Denkens und Handelns die ordnende Kraft mentaler Fähigkeiten. Die Lebensfreude ist nicht etwas, das wir dauernd produzieren, sondern sie durchdringt alles: So wie das Herz im Hintergrund alle Lebensfunktionen ermöglicht und der Dünndarm die erste Station im Körper ist, in der Nahrung in Energie umgewandelt wird.

Der Dreifache Erwärmer am Ringfinger gehört ebenfalls zum Feuerelement, er wird der „Sonnenfinger" genannt. Es ist nicht ohne Bedeutung, daß wir den schönsten Schmuckring am Ringfinger tragen, dort glänzt und strahlt er am besten. So wie die Sonne mit ihrem Licht alles Leben regiert, bestrahlt und erwärmt, so beinhaltet auch die altchinesische Vorstellung des Dreifachen Erwärmers eine übergeordnete Funktion. Man stellt sich dort den Körper als aus drei „Brennräumen" bestehend vor. Im ersten Brennraum sind Herz und Lunge, die Energie aufnehmenden Organe; im zweiten sind Magen, Milz, Dünndarm, Galle und Leber, die Verdauungsorgane; im dritten sind Blase, Niere und Dickdarm, die Ausscheidungsorgane. Für alle Funktionen ist Energie (Feuer) nötig, um Nahrung und Atemluft umzuwandeln. Der Ringfinger ist wie ein Sonnenkönig, der am wenigsten arbeitet, deshalb trägt er den schönsten Fingerschmuck.

Der Tingpunkt des Kreislauf-Sexusmeridians am Mittelfinger gehört auch zum Feuerelement und betont wieder einen anderen Lebensaspekt, der sehr viel Energie benötigt: die Fortpflanzung.

Das dualistische Prinzip, weiblich-männlich, kann durch Verschmelzung neues Leben hervorbringen, und das bedarf eines großen Aufgebots an physischer Energie. Der Mittelfinger wird dem Planeten Saturn zugeordnet, der viel mit sozialer Stellung und Sicherheit, mit dem individuellen Schicksal zu tun hat. Bildlich gesprochen überprüft er alle 12 Jahre, wo man steht und ob das, was man tut, Bestand hat und tragfähig ist. Durch seine Kräfte entstehen Wendepunkte im Leben, die neue Wege eröffnen und alte verlassen. Die Funktion des Blutkreislaufs paßt gut zum zyklischen Wesen des Saturn, denn auch er verträgt keinen Stau, keinen Engpaß, weil sonst das ganze System bzw. Leben in Mitleidenschaft gezogen wird.

Der Tingpunkt des Dickdarms am Zeigefinger entspricht dem Metallelement. Dieser Finger ist neben dem Daumen der beweglichste und der wichtigste für das Greifen der Hand. Das Metallelement steht für Toleranz-Intoleranz und der Dickdarm für das Selbstwertgefühl. Wir kennen es zur Genüge aus unseren Schultagen, daß man sich mit dem Zeigefinger zu Wort meldete. Gleichzeitig sagte diese Geste „Hier bin ICH!" Wir kennen aber auch das unangenehme Gefühl, wenn jemand seinen Zeigefinger mahnend erhebt, um etwas zu verbieten oder dauernd auf uns zustochert, um seine Meinung „an den Mann" oder „an die Frau" zu bringen. Die Intoleranz eines Menschen wird um ein Vielfaches eindringlicher, wenn er seinen Zeigefinger zur Unterstreichung seiner meist imperativen Worte wählt.

Der Zeigefinger zeigt, was man von sich hält (Dickdarm), ob man sein Licht unter den Scheffel stellt oder aber hinsteht und sagt: „So bin ich." In der Chiromantie oder Handdeutekunst liest man an ihm ab, ob jemand anpassungsfähig ist (Finger lehnt sich an den Mittelfinger) oder zum Lügen oder Betrügen neigt (Finger ist stark zum Mittelfinger hin gekrümmt und gedreht) oder ob jemand geradeaus ist und keine Kompromisse eingeht (Finger ist kerzengerade und lehnt sich nicht an).

Der Zeigefinger wird dem größten Planeten Jupiter zugeordnet. Dieser steht für innere Weite, Vertrauen in das Leben, für das kosmische Prinzip von Wachsen und Vergehen, für Großzügigkeit (Toleranz). Seine Energie verlangt einen übergeordneten Standpunkt, um große Zusammenhänge zu überblicken. Ist der Ringfinger unser Schmuckfinger, steht der kleine Finger für den Intellekt, so ist der Zeigefinger das Sinnbild für unsere Lebensphilosophie, ja überhaupt für unsere spirituelle Denkkraft. Es leuchtet ein, daß man für die Einnahme eines philosophischen Standpunkts Selbstbewußtsein und Selbstwertgefühl benötigt, sonst fällt die Lebensphilosophie etwas schmalbrüstig aus.

Der Daumen hat den Tingpunkt der Lunge und gehört ebenfalls zum Metallelement. Er wird dem Planeten Venus zugeordnet, die das Sinnbild von Geben und Empfangen ist. Wie wichtig der Daumen an der Geste des Nehmens und Gebens beteiligt ist, merkt man erst, wenn wir uns die geöffnete Hand ohne Daumen vorstellen. Der Daumen bildet zusammen mit dem kleinen Finger die Handspanne, die Weite der Gefühle und die Liebesfähigkeit (Venus). Durch den Daumen können wir feinste Nuancen eines Materials spüren, indem wir es zwischen ihm und dem Zeigefinger halten.

Wie schon gesagt, steht das Metallelement mit Lunge und Dickdarm sinnbildlich für die Fähigkeit der Toleranz und des Selbstvertrauens. Der Daumen regiert die wichtigste Lebensfunktion, nämlich das Atmen. Bezeichnenderweise bedeutete die Abwärtsrichtung des Daumens zum Beispiel in der römischen Arena das Auslöschen der Lebensfunktion. Wir haben bis heute diese Geste erhalten: Der nach oben gerichtete Daumen signalisiert „alles o.k.", der nach unten gerichtete „alles mies".

Die Mudras zwischen Öffnen und Schließen

Nach diesem Exkurs in die Fingerenergetik wollen wir uns besonderen Handgesten widmen, die starke Energien ausstrahlen und für die Arbeit mit dem Tier eine besondere Bedeutung haben.

Alle Handgesten bewegen sich zwischen Öffnen und Schließen. Dadurch werden die Meridianenergien ins Fließen gebracht, und zugleich spricht die Hand als Ganzes und sendet Grundenergien

aus. Um etwas nach außen zu geben, muß man zuerst etwas aufnehmen. Das haben wir durch die Wahrnehmungsübungen der
Hand bereits getan. Aber wir wollen das durch die Handgesten
noch verfeinern. Der Ausgangspunkt des Aufnehmens ist die leere
Hand. Lassen Sie einmal die folgenden vier Bilder auf sich wirken:

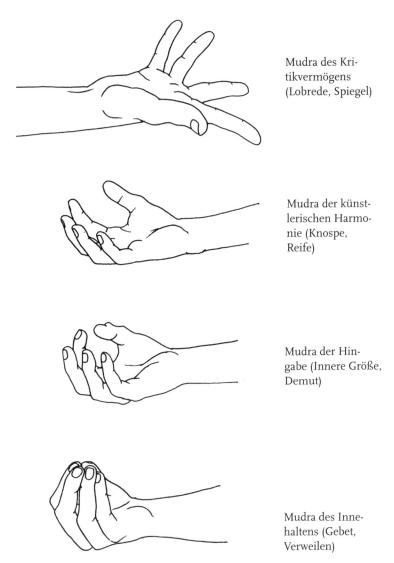

Mudra des Kri-
tikvermögens
(Lobrede, Spiegel)

Mudra der künst-
lerischen Harmo-
nie (Knospe,
Reife)

Mudra der Hin-
gabe (Innere Größe,
Demut)

Mudra des Inne-
haltens (Gebet,
Verweilen)

Wir wollen diese Handhaltungen oder Mudras nun in einer Übungsfolge selbst erfahren:

Übung 4

Nehmen Sie nacheinander die Handgesten ein und spüren, was sich verändert. Dann gestalten Sie einen Zyklus, indem Sie mit der offenen Hand beginnen und enden. Sie werden merken, daß Sie nehmen und geben, dann wieder nehmen und geben. Sie werden auch feststellen, daß es gut tut, die Hand wie bei der zweiten abgebildeten Mudra (Mudra der künstlerischen Harmonie) leer zu machen, sonst kann man nichts nehmen oder geben.

Übung 5

Nun führen Sie noch einmal den Zyklus der Mudras von der leeren bis zur geschlossenen und dann von der geschlossenen zur leeren Hand aus und stellen sich dabei etwas vor, das Sie in der Hand halten wollen. Es sollte etwas Sensibles sein, das aber keinesfalls durch die Position der geschlossenen Hand (Mudra des Innehaltens) zerdrückt wird. Das kann eine Frucht oder eine Blüte sein. Sie werden bei dieser Übung erfahren, wie eng das mentale Bild und das Gefühl in den Händen zusammenhängen. Es kann außerdem sein, daß Sie den Gegenstand in der einen Hand deutlicher spüren als in der anderen. Das hat nicht unbedingt etwas mit Links- oder Rechtshändigkeit zu tun.

Übung 6

Wählen Sie ein gesundes, Ihnen gut bekanntes Tier als Partner, schließen Sie für einen Moment die Augen und visualisieren Sie Ihre Seeanemone. Wenn sie sich harmonisch auf und zu bewegt, schalten Sie bewußt ein und sagen Sie sich, daß Sie jetzt auf einer feinstofflichen Ebene wirken werden. Führen Sie den Mudra-Zyklus in der Nähe des Tieres aus. Versuchen Sie dabei zuerst die Energie des Tieres wahrzunehmen und auf sich wirken zu lassen. Halten Sie die Mudra von der leeren Hand (Mudra des Kritikvermögens) einen Moment und fragen Sie sich, was Ihr Eindruck, Bild oder Gefühl Ihnen sagt. Wenn Sie eine Antwort bekommen haben, stellen Sie sich vor, wie Sie Energie von Ihrem Solarplexus aus dem Tier schrittweise zukommen lassen. Ihre eigene Energie können Sie ebenfalls in ein Gefühl, Bild oder eine Farbe „kleiden", wenn es Ihnen hierdurch leichter fällt, sie dem Tier darzureichen wie einen Leckerbissen.

Wenn Sie den Mudra-Zyklus ein paarmal in Gegenwart des Tieres ausgeführt haben, werden Sie interessante Beobachtungen machen, wie es darauf reagiert. Dies ist ein wichtiges und positives Feedback, daß Sie tatsächlich energetisch arbeiten. Je öfter Sie die Übung machen, um so klarer wird die Wahrnehmung, die vom Tier herüberkommt, und die energetische Botschaft, die Sie ihm senden.

Erst nachdem Sie jetzt selbst die Mudras mit Ihren Händen und mit Ihrer individuellen Energie ausgeführt haben, möchte ich sie erklären. Für die Übung selbst ist dies zwar unwichtig, doch vor allem der Inhaber der „Metallhand" (tolerant) oder der „Holzhand" (konfliktbereit) will wissen, welche Bedeutung die altindischen Mudras haben.

Die erste abgebildete Handgeste ist die Mudra des Kritikvermögens. Sie zeigt, welchen Standpunkt man hat, aber sie ist auch offen für Kritik. Häufig ist es so, daß wir gut und gerne andere kritisieren, während es mit dem Annehmen von Kritik hapert. Die offene, leere Hand steht auch für die innere Bereitschaft, sich dem anderen, in unserem Falle dem Tier, ganz zu öffnen. Das ist für die Geistheilung ein schönes Sinnbild, weil wir ja nicht die energetischen Impulse werten und einteilen in gute, starke, schwache, kranke oder unangenehme.

Die zweite abgebildete Handgeste ist die Mudra der schöpferischen Harmonie und symbolisiert die Reife des Bewußtseins. Es ist die Hand, die sich gerade geöffnet hat, etwas in Empfang nimmt oder etwas im Begriff ist, zu geben. Die vollkommene Entspannung dieser Handgeste zeigt auch die Gleichzeitigkeit von Geben und Nehmen. Die dritte abgebildete Handgeste ist die Mudra der Hingabe und steht für innere Größe und Demut. Das sind Tugenden, die wir im

Umgang mit dem Partner Tier entfalten können. Ich habe bei kleinen kranken Vögeln oft erlebt, wie wunderbar es ist, ein ganzes Leben so in der Hand zu halten und es zu schützen, aber auch jederzeit wieder freizulassen. Um das Große im Kleinen zu erkennen, dem bedürftigen Tier Raum zu lassen und seine Persönlichkeit zu achten, bedarf es in der Tat der Demut, dem inneren Sich-Verneigen vor einem Geschöpf, das die Natur ganz und vollkommen hervorgebracht hat. In der Geistheilung ist es nötig, Demut zu entfalten, weil nicht der Heiler heilt: Er reicht vielmehr dem Tier die Hand, damit es sich selber heilt.

Die vierte abgebildete Handgeste ist die Mudra des Innehaltens und steht für Gebet und Verweilen. Der Augenblick, in dem etwas zu einem Ende gekommen ist, ist zugleich der Umkehrpunkt zu etwas Neuem. Normalerweise meiden wir diese Momente, weil wir uns schwertun, innezuhalten. Das erreichte Ende oder Ziel könnte Emotionen auslösen, könnte uns auffordern, noch einmal über den vergangenen Prozeß nachzudenken, Rückschau zu halten und neu in die Zukunft zu schauen. Wendepunkte beinhalten immer auch das Verlassen gewohnter Denkgleise und Verhaltensmuster.

Die Handpose zeigt auf eine sehr feine Art, wie angenehm es sein kann, innezuhalten und den Moment zu spüren, bis man alle fünf Finger fühlt oder bis man alle „Glieder" einer Lebenssituation vergegenwärtigt. In der Geistheilung steht diese Mudra für das Geschehenlassen der Heilenergie auf ihrem Weg, aber auch für die gebündelte Energie, die wir bereitstellen, um sie einem bedürftigen Tier zukommen zu lassen.

Die Mudras der Energiesendung

Wir werden uns jetzt mit einer zweiten Serie Mudras befassen, die noch weitere Möglichkeiten darbieten, Energie zu senden. Betrachten Sie zunächst die vier Bilder: Es ist offensichtlich, daß hier der gebende Aspekt im Vordergrund steht. Dennoch schließen wir auch diese Mudra-Folge zu einem kleinen Zyklus, indem wir von der gerade offenen Hand bis zur zweiten Fingerpose und von der

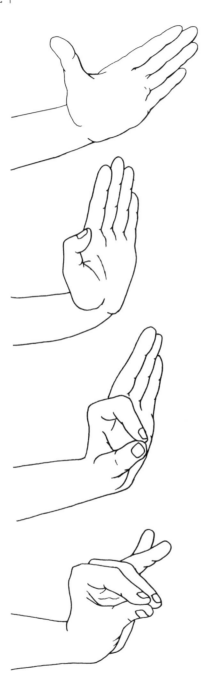

Mudra des mentalen Ausdrucks (Vertrauen, Hingabe)

Mudra des künstlerischen Ausdrucks (Begrüßung, Wohlwollen)

Mudra des freudigen Ausdrucks (Humor, Weisheit)

Mudra des emotionalen Ausdrucks (Weite, Entwicklung)

zweiten Fingerpose bis zur gerade offenen Hand die Handgesten einnehmen.

Übung 7

Nehmen Sie nacheinander die vier Mudras ein und spüren Sie bei jeder in sich hinein. Wie geht es Ihnen bei der gerade offenen, bei der aufgerichteten Hand, wie bei den beiden Fingerposen? Sie werden spüren, daß Ihnen die eine oder andere Mudra leichter, eine andere schwerer fällt.

Übung 8

Führen Sie den Mudra-Zyklus aus, indem Sie von der gerade offenen Hand bis zur zweiten Fingerpose vor und zurück gehen. Üben Sie dies solange, bis jede Mudra sich harmonisch an die nächste anschließt bzw. sich aus der vorherigen ergibt. Sie werden die unterschiedliche Intensität des Gebens merken: Es hat eine andere Qualität, ob die Hand offen ist oder sich die Finger berühren. Dies hat nichts mit mehr oder weniger Energie zu tun, sondern mit der Intensität.

Übung 9

Wählen Sie ein gesundes Tier, das Sie gut kennen und setzen Sie sich in seine Nähe. Schließen Sie für einen Moment die Augen, um Ihre Seeanemone zu fühlen oder zu visualisieren. Wenn sie sich harmonisch öffnet und schließt, schalten Sie sich ein auf die feinstoffliche Energieebene und sagen Sie sich, daß Sie nun energetisch mit dem Tier kommunizieren werden.

Führen Sie nun den Mudra-Zyklus einigemal aus und beobachten Sie das Tier, wie es sich verhält, wie es reagiert, ob und wann es sich bei einer Mudra entspannt.

Übung 10

Stellen sie sich nun bei jeder Mudra etwas vor, was Sie dem Tier senden möchten. Es kann eine Farbe, ein Gefühl, ein Bild oder sonst eine mentale Botschaft sein. Wenn Sie sich für eine Botschaft pro Mudra entschlossen haben, dann wiederholen Sie den Zyklus ein paarmal mit der jeweiligen Botschaft.

Übung 11

Nun fassen Sie den gesamten Mudra-Zyklus in eine einzige energetische Botschaft. Das kann eine Affirmation, ein Wort oder eine Farbe sein. Die einzelnen Mudras sind jetzt verschieden intensive Impulse der übergeordneten Botschaft.

Nehmen wir an, Sie haben die Farbe Orange gewählt, dann wird je nach Mudra das Orange sich ganz verschieden anfühlen und eine unterschiedliche Qualität beim Senden erhalten.

Ist Ihre Botschaft z.B. das Bild eines ruhigen Sees, dann tauchen durch die Mudras viele Details auf, die die Ruhe oder Schönheit des Sees unterstreichen.

Beobachten Sie auch hier, wie sich Ihr Tier verhält. Selbst wenn es ruhig daliegt, sind Sie jetzt feinfühlig genug, um die Wirkung der Handgesten zu sehen. Sie werden erkennen, daß sich das Tier bei der Öffnung zur flachen Hand immer vergewissert, daß keine Gefahr droht. Vögel sind besonders sensibel, sie unterscheiden genau, ob die Hand wirklich offen ist oder ob sie schon die Tendenz zum Greifen in sich birgt.

Haben Sie die Übungen beendet, so schließen Sie kurz die Augen, schauen sich Ihre Seeanemone an und prüfen, ob sie noch harmonisch auf und zu geht. Schließen Sie nun die Energiearbeit, indem Sie sich sagen: Ich kehre jetzt zu 100 % ins Hier und Jetzt zurück, ich lasse das Tier los und bedanke mich für unsere Zusammenarbeit.

Auch diese Mudras haben eine Bedeutung, die schon Jahrtausende alt ist:
Die gerade offene Hand ist die Mudra des mentalen Ausdrucks und steht für Vertrauen und Hingabe. Dem, was zwischen den seitlich gehaltenen Händen ist, wird Raum gegeben, es wird nicht zerdrückt. In der Geistheilung kommt diese Handhaltung recht häufig

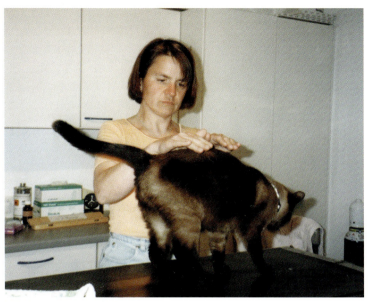

Die Tierärztin Dr. Ulrike Eissfeldt „scannt" die emotionale Aura der Katze über den Shu-Rückenpunkten.

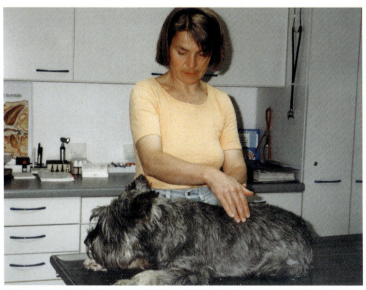

Sie „scannt" mit der Konzentration auf Pc8 und den Reflexpunkten den Übergang von der emotionalen zur mentalen Aura beim Mittelschnauzer.

Die Tierheilpraktikerin Marion Wagner aktiviert die Heilungsenergie der Mülleramazone von der mentalen Aura des Vogels aus.

Mein Lehrer Ray Williamson bei der Heilungsbehandlung eines Feigen-papageis

vor, wenn wir ein kleines Tier in den Energiestrom der beiden Hände setzen oder seitlich an einem großen Tier arbeiten.

Die aufgerichtete Hand ist die Mudra des künstlerischen Ausdrucks, sie steht für Begrüßung und Wohlwollen. Auf S. 101 ist unser stehender Buddha abgebildet, der im kleinen Foyer unseres Hauses jeden Gast willkommen heißt und begrüßt. In unserer abendländischen Kultur ist diese uralte Mudra als die „segnenden Hände" wohlbekannt. Segnen ist Begrüßung, Wahrnehmung des anderen und zugleich die vornehmste Geste, Energie zu geben. Hinter dieser Mudra steht immer ein Mensch, der gerne gibt und auch genügend Energie zum Geben hat und der wohlwollend mit seinem Gegenüber umgeht. Es kann nicht schaden, sich in dieser Mudra zu üben, damit wir auch ein fremdes Tier, an dessen Leine vielleicht ein gestreßter, hysterischer oder unfreundlicher Mensch „hängt", mit ganzem Herzen wohlwollend willkommen heißen.

Die erste abgebildete Fingerpose mit Daumen und Zeigefinger ist die Mudra des freudigen Ausdrucks und steht für Humor und Weisheit. Heilen darf Spaß machen, und mit Humor können wir später mit einem kranken Tier viel leichter umgehen, als wenn wir vor Ernst erstarren. Ein Tier merkt instinktiv, ob wir eine entspannte Heiterkeit ausstrahlen oder verkrampft sind. Ich habe in England fantastische Heiler kennengelernt, die durch ihren Humor selbst bei Schwerstkranken ein Lächeln erzeugten. Lachen, Lächeln und Humor gehören zum Feuerelement. Denken Sie daran, daß allein drei von unseren fünf Fingern dem Feuerelement angehören. Energie verströmen sollte keine Last sein, sondern Freude bereiten. Damit dies von Anfang an möglich ist, bemühen wir die Solarplexusübung mit der Seeanemone.

Die zweite abgebildete Fingerpose, die zusätzlich zu Daumen und Zeigefinger auch den Mittelfinger benutzt, ist die Mudra des emotionalen Ausdrucks und steht für Weite und Entwicklung. Gerade diese Mudra zeigt, wie tiefsinnig die altindischen und buddhistischen Handgesten sind. Weite kann nur entstehen, wenn Sammlung vorausgegangen ist. Folglich setzt die Entwicklung, die Ausweitung des eigenen Energiefeldes dort ein, wo wir innerlich gesammelt sind und in unserer Mitte verweilen: Hier sehr schön gezeigt durch die drei Finger, die sich sanft berühren.

Die Fähigkeiten der individuellen Hand

Nachdem wir die Hand als Energiespender ganz allgemein kennengelernt haben, gehen wir nun einen Schritt weiter und konzentrieren uns auf die Fähigkeiten der individuellen Hand.

Das Scannen mit der Hand

Unter dem Scannen mit der Hand versteht man ein fühlendes und wahrnehmendes Abstreichen der Aura mit den Händen. Je nach Handtyp hat jemand das Bedürfnis, dies gleichmäßig, langsam, schnell oder schrittweise zu tun. Wichtig ist, wir berühren nicht den materiellen Körper, sondern beginnen in der physischen Aura relativ dicht über der Hautoberfläche (etwa 10 bis 20 cm entfernt) wie ein Scanner jede Körperzone wahrzunehmen. Durch das Scannen mit der Hand lernen wir noch mehr Unterschiede in der Wahrnehmung von energetischen Impulsen kennen. Bei dieser Übung kommen die individuellen Fähigkeiten der Hände zur Geltung, denn es ist ein natürlicher Unterschied, ob eine „Erdhand" oder eine „Wasserhand" tätig ist. Wir gehen auch hier in kleinen Schritten vor, um genau zu verstehen, was wir tun, und um so mehr Sicherheit im Wahrnehmen von Energie zu bekommen.

Wenn wir zum erstenmal eine Aura abstreichen, nehmen wir viele verwirrende Dinge wahr, die wir so schnell gar nicht hinterfragen können: ein Kribbeln, Wärme, Kühle an verschiedenen Körperregionen, dann wieder Stiche, ein pelziges Gefühl oder gar kein Eindruck. Oder wir spüren einen Widerstand, so als ob die physische Aura eine elastische Membran wäre.

Darum gehen wir zu Beginn mit einer Art Thema auf Erkundung. Dieses Thema ergibt sich aus der Gabe der jeweiligen Hand. Ich stelle im folgenden noch einmal die fünf Elemente, ihre organischen und psychischen Bezüge vor:

Handtyp	Element	Organ/Funktion	Psyche + -
Erdhand, praktisch	Erde	Magen-Milz	Mitte, Zufriedenheit, Unzufriedenheit, Unausgeglichenheit
Holzhand, konfliktbereit	Holz	Galle-Leber	Glücklichsein, Wut, Aggression
Metallhand, tolerant	Metall	Dickdarm, Lunge	Selbstbewußtsein, kein Selbstwert
Wasserhand, kreativ	Wasser	Blase, Niere	Sicherheit, Angst
Feuerhand, flexibel	Feuer	Dünndarm, Herz, Dreifacher Erwärmer, Kreislauf-Sexus	Lebensfreude, positive Lebenseinstellung Lebensüberdruß

Die Übung ist so zu verstehen, daß man sich vergegenwärtigt: Ich habe zum Beispiel Qualitäten der Holzhand, deren Organe mit den psychischen Fähigkeiten der Wut und Aggression, aber auch des Glücklichseins und Unglücklichseins in Wechselbeziehung stehen. Meine Aufgabe ist es nun beim Scannen, die energetischen Orte aufzuspüren, wo sich das Tier unglücklich, blockiert oder aggressiv anfühlt. Sobald dieser Eindruck irgendwo auftaucht, sende ich die positive Qualität in Gestalt eines Symbols, Bildes oder einer Farbe. Entscheidend ist, jede Hand nimmt mit ihrer ureigensten Gabe wahr, wo das Biofeld eines Tieres nicht in Harmonie ist und sendet zugleich mit dieser angeborenen Gabe positive Energie. Der Inhaber einer Holzhand hat nicht nur physisch Leber und Galle als wichtige Organe bei sich erlebt, sondern hat auch einen natürlichen Zugang zur Aggression und Wut, aber auch zum Glücklichsein. Er kennt diese Gaben aus eigener Erfahrung. In der chinesischen Entsprechungslehre spricht man von psychischen Fähigkeiten. Das finde ich viel besser als die Wertung in gute und schlechte Fähigkeiten. Die Fähigkeiten, wütend, ängstlich oder unzufrieden zu sein, gehören genauso wie ihr positives Gegenstück zum Leben – nicht nur beim Menschen, sondern auch beim Tier. Es kommt nur darauf an, in welchem Maße Aggression, Wut oder Unglücklichsein gelebt werden.

Die Tabelle soll somit nicht eingrenzen, sondern beim Scannen der Aura den individuellen Spürsinn einsetzen. Was uns selbst aus eigener Erfahrung vertraut ist, das spüren wir auch schneller beim Tier.

Die folgenden Übungen führen wir zunächst bei einem gesunden Tier durch, um Erfahrungen zu sammeln. Die Disharmonien sind dort weniger zahlreich und heben sich deutlicher gegenüber harmonischen Zonen ab. Kein Lebewesen ist nur in Harmonie, keines nur in Blockade. Selbst der gesündeste Hund, das gesündeste Pferd hat Schwächen, die jedoch nicht dominieren. Im Krankheitsfall eines Tieres überwiegen die Blockaden und disharmonischen Impulse.

Übung 12

Wählen Sie ein Tier, das Sie gut kennen. Schließen Sie für einen Moment die Augen, betrachten Sie Ihren Solarplexus bzw. die sanften öffnenden und schließenden Bewegungen der Seeanemone, und schalten Sie auf die energetische Ebene. Dann scannen Sie im Abstand von 20 cm mit beiden Händen vom Kopf über den Rücken des Tieres. Gehen Sie über das Becken, kehren dann zur Brust zurück, scannen die Vorderbeine, dann seitlich den Bauch und die Hinterbeine.

Nehmen Sie sich die Zeit, die Sie brauchen, aber bedenken Sie, daß ein gesundes Tier keinen langen Geduldsfaden hat. Sie laden bereits im Vorgang des Abstreichens das Energiefeld auf, was ein Tier zur Bewegung anregen kann. Vertrauen Sie auf die Qualitäten Ihrer Hand und halten Sie überall kurz inne, wo Sie den Eindruck von Unsicherheit oder Angst (Wasserhand), unterdrückter Aggression (Holzhand), schwacher Lebensfreude (Feuerhand), wenig

Selbstbewußtsein (Metallhand) oder Unzufriedenheit (Erdhand) wahrnehmen. Senden Sie durch Ihre Hand die positive Seite des psychischen Zustandes in Form eines Bildes oder einfach eines Energiestromes, der aus Ihrer Hand fließt.

Drei wichtige Erfahrungen gewinnen wir aus dieser Übung:
- Das Wahrnehmen von Energie und das Senden von heilenden Botschaften gehen zusammen,
- Heilen hat mit der individuellen Wahrnehmungsfähigkeit zu tun,
- im Problem liegt die Lösung.

Besonders der letzte Punkt verdient Aufmerksamkeit, denn die momentane Disharmonie eines Tieres muß nicht zur Krankheit führen, und die Art der Disharmonie sagt etwas über die Fähigkeit. Sie sehen, wie sich hier der Kreis schließt, denn Sie haben mit den latenten Fähigkeiten Ihrer Hand ähnliche Stärken und Schwächen aufgespürt und sozusagen Ähnliches mit Ähnlichem geheilt. Sie haben einen positiven Impuls dort ausgesendet, wo er vom Biosystem dieses Tieres verstanden wurde. Das nennt man Resonanz. Es leuchtet ein, daß das Resonanzprinzip etwas Ganzheitliches ist, denn wir scannen nicht mit der Idee von Unzufriedenheit, sondern mit der Erfahrung von Unzufriedenheit. Der Inhaber der praktischen Erdhand weiß wie kein zweiter, wie sich in Magen, Milz, im Bauch, ja überall im Körper Unzufriedenheit anfühlt.
Was ich kenne, erkenne ich auch leichter wieder. Das ist ein einfaches Prinzip und erleichtert dem Anfänger in der Geistheilung den Zugang zu seinen Fähigkeiten. Je mehr jemand zu seinen Fähigkeiten steht, um so genauer nimmt er sie wahr und kennt jede Nuance der Abweichungen von der Mitte.
Vielleicht wird jetzt auch noch klarer, daß es keine unbegabten Hände gibt, sobald jemand voll und ganz Ja zu sich sagt und sich annimmt, so wie sie oder er ist. Wenn wir später für den Fluß von Heilenergie aus dem Kosmos offen sein wollen, muß erst das Gefäß gereinigt werden. Das Gefäß sind wir. Ist es verstopft durch

die Verdrängung von Aggressionen, Wut oder Unzufriedenheit, wie soll es dann feinste Energien wahrnehmen, bündeln und lenken? Indem wir uns unsere Wut, Unzufriedenheit, Ängste, unseren Ärger und unser mangelndes Selbstbewußtsein anschauen, beginnt die Lösung des Staus. Diese Zustände sind natürlich, sie gehören zu unserer Lebenserfahrung. Unnatürlich ist nur ihre Verdrängung und Vermeidung. Angst zu haben, ist kein Makel, denn sie ist zugleich eine Gabe, Gefahr zu erkennen. Zuviel Angst kann nur dort anwachsen, wo das unterscheidende Bewußtsein für Gefahren fehlt. Dann tritt an diese Stelle die Einbildung, und bald traut man sich nicht mehr auf die Straße, weil man meint, überall lauerten Gefahren.

Wenn wir bei uns selbst diese Zusammenhänge begriffen haben und Stück für Stück lernen, uns anzunehmen, unsere Schwächen als Stärken und unsere Stärken als Schwächen im Leben zu akzeptieren, dann begreifen wir auch ein Tier besser. Jedes Tier hat einen eigenen Charakter, auch innerhalb einer Rasse, eines Wurfes oder eines Schlupfes von Vogelküken. Tiere kennen die gleichen Emotionen und psychischen Zustände wie wir. Sie empfinden Schmerz, Unglücklichsein, Unzufriedenheit und Angst, aber sie äußern es mitunter ganz anders als wir Menschen. Sie sprechen zwar nicht unsere verbale Sprache, aber dennoch ihre ganz eigene Sprache aus Blicken, Körperhaltung, Verhalten und Lautgebung.

Noch etwas anderes erfahren Sie durch die Übung des Scannens. Sie werden feststellen, daß Ihr Tier hinsichtlich seiner psychischen Stärken und Schwächen Ähnlichkeiten mit Ihnen selbst hat. Auf einer tiefen unterbewußten Ebene suchen wir uns ein Tier aus, mit dem wir in Resonanz kommen können. Ebenso sucht sich das Tier seinen Besitzer aufgrund von Resonanz aus. Das gilt sowohl für die Tierklasse (Säuger, Reptilien, Fische, Insekten oder Vögel) als auch für die Tierart (Hund, Katze, Pferd, Schlange, Papagei). Wir gehen sogar noch einen Schritt weiter, indem wir einen bestimmten Labradorhund, ein bestimmtes Islandpony oder einen bestimmten Amazonaspapagei auswählen. Unser Unterbewußtsein arbeitet immer sehr präzise, denn es weiß, was wir zum emotionalen und mentalen Wachstum brauchen. Alles im Leben ist auf Entwicklung angelegt, doch ist die Ebene nicht festgelegt. Mal ist Wachstum auf der physischen, dann auf der emotionalen, spirituellen oder mentalen Ebene angesagt. Wir fühlen uns zu bestimmten Tieren, natürlich auch Menschen, hingezogen und wachsen an der Aufgabe, mit ihnen umzugehen, sie zu verstehen und mit ihnen zu kommunizieren.

Das Wahrnehmen eines kranken Tieres

Wir sind bis jetzt von einem gesunden Tier ausgegangen, das wir gut kennen. Sobald wir vom kranken Tier sprechen, tritt die eigentliche Bedeutung der Geistheilung in den Vordergrund. Da wir keine klinische Diagnose stellen, spielt es keine Rolle, ob wir das Tier kennen oder nicht. Wenn jedoch das eigene Tier einmal krank wird oder sich unwohl fühlt, ist das die beste Gelegenheit, die verschiedenen Arten von Geistheilung auszuüben und auszuprobieren.
Ich lege in diesem Buch großen Wert auf die Wahrnehmungsfähigkeit, weil damit auch der innere Blick für den Zustand eines Tieres geschult wird. Da gibt es z. B. den Tierhalter, der erst etwas merkt, wenn deutliche Symptome auftreten wie Durchfall oder Ablehnung des Fressens. Ein anderer spürt zwar intuitiv, daß mit seiner Katze, seinem Hund oder Vogel etwas nicht in Ordnung ist, aber er kann es nicht sehen oder an etwas festmachen. Schließlich gibt es den hypochondrischen Tierhalter, der ständig in Habachtstellung ist, daß sein geliebtes Tier nicht ganz gesund sein könnte.
Tiere sprechen nicht unsere verbale Sprache und teilen sich daher anders mit. Doch dieses Mitteilen kann weit entfernt von unserer gewohnten Wahrnehmung sein. Ich persönlich habe meine Sensitivitätsschulung auch aus einem solchen Anlaß heraus intensiviert, denn Vögel verbergen als Schwarmtiere ihre Schwächen bis zum letzten Augenblick. Selbst wenn sie Durchfall haben oder sich die Federn ausrupfen, können sie im Verhalten völlig unauffällig sein, so als wäre alles in bester Ordnung. Wenn der Focus auf Körpersymptome gerichtet ist, ist es meist schon zu spät. Vor allem bei

kleinen Vögeln beginnt dann ein Wettlauf mit der Zeit, denn den Symptomen ist bereits eine chronische Krankheitsgeschichte vorausgegangen.

Wir wissen aus der Medizin, daß chronische Krankheiten mit ihrem schleichenden Charakter das ganze Biosystem durchdringen. Sie können viele verschiedene, scheinbar zusammenhanglose Symptome produzieren, ja Symptome können kommen und auch wieder gehen. Der Tierpatient mag Phasen von Scheingesundheit durchlaufen, während die Krankheit im Verborgenen weiterschwelt.

Die verschiedenen Medizinsysteme müssen sich auf immer komplizierter werdende Krankheitsbilder und chronische Abläufe einstellen, weil die Umweltgifte, die Verkünstelung der Tiernahrung und der Streß der Tierhalter ständig zunehmen. Die Haustiere sind ein sehr guter Spiegel unserer eigenen Befindlichkeit und unseres Denkens. An den Nutztieren sehen wir deutlich, was wir der Natur antun, wir dürfen unsere Nahrung – Luft, Wasser und Boden – nicht weiter verseuchen und zubetonieren. Die Haltung von Tieren erscheint mir häufig auch wie ein letzter Strohhalm, mit dem sich Menschen an natürlichen Kreisläufen und Gesetzen festhalten, von denen ihre Arbeit so losgelöst ist. Daraus erwächst mir aber die Hoffnung auf die Rückbesinnung zur Natur.

Wenn wir etwas geben wollen, müssen wir etwas haben. Dieses Haben ist hier nicht materiell gemeint, sondern beinhaltet außer der Heilenergie, die sich bei jedem Menschen erst entwickeln muß, die Wahrnehmungsfähigkeit. Ihre physische Fähigkeit stößt schnell an ihre Grenzen, wie oben schon geschildert. Was liegt also näher, als unsere intuitiven, sensitiven Sinne einzusetzen, um den Zustand eines Tieres zu erfassen? In Mitteleuropa ist die naive Vorstellung verbreitet, man müsse „einfach" Heilenergie, durch kosmische Energie angereichert und durch Cakraenergie geleitet, fließen lassen. Dies hilft jedoch nicht, die individuellen Fähigkeiten eines Heilers zu schulen.

Wie wir schon in den vorigen Kapiteln und Übungen erfahren haben, gibt es visuell, taktil und auditiv begabte Menschen. Diese

Gaben sind der wichtigste Ausgangspunkt, um Sicherheit in der Ausübung von Geistheilung zu gewinnen. Sobald wir mit einem kranken Tier in Kontakt kommen, ist es vorrangig wichtig, folgende Regeln zu befolgen:

- Ganzheitliches Erfassen des Krankheitszustandes,
- Schutz des eigenen Biosystems,
- Einsetzen der individuellen Heilenergie.

Wir werden uns sehr ausführlich mit der Wahrnehmung oder ganzheitlichen Betrachtung des Tieres befassen. Da die physischen Augen sehr unscharf sind, müssen wir einen übergeordneten Beobachtungsposten einnehmen. Hierbei kommt uns unser bildhaft wahrnehmendes Gehirn entgegen.

Ich stelle zwei Übungen vor, die hervorragend geeignet sind, den Zustand eines Tieres zu prüfen. Dazu muß das Tier aber nicht anwesend sein, denn wir wirken zunächst einmal auf der mentalen Ebene. Zu Beginn ist es jedoch gut, einen „Stellvertreter" oder ein Surrogat (Ersatz) des Tieres zu haben. Das können Haare, Federn, Kot- oder Blutproben, aber auch ein Foto sein. Dieser Ersatz enthält alle Informationen des Tieres, weil Materie Energie ist oder anders gesagt: Das elektromagnetische Feld (die Aura) hinterläßt seinen Abdruck auf jedem materiellen Teil, das von einem Körper entfernt wird. Rupert Sheldrake spricht von einem morphogenetischen Biofeld. Seit Urzeiten ist in den ganzheitlichen Medizinsystemen der Schamanen, der Chinesen und Inder klar, daß das Teil oder Detail eines Lebewesens das Ganze widerspiegelt. Man muß nur die Sinneswahrnehmung dafür schärfen und die materielle Ebene überwinden. Lupe und Mikroskop sind sozusagen Spielzeuge im Vergleich zum Einsatz mentaler Fähigkeiten.

Die einfachste mentale Fähigkeit üben wir jeden Tag aus, ohne sie zu bemerken, denn sie ist ein natürlicher Vorgang. Kurz vor dem Einschlafen, im Traum und kurz vor dem Aufwachen durchlaufen Sie eine Phase, in der sich die Gehirnströme verändern. Im Gegensatz zu den schnellen Wellen des Tagesbewußtseins, die man Betawellen nennt, dominieren hier die Alpha-Gehirnwellen, die langsa-

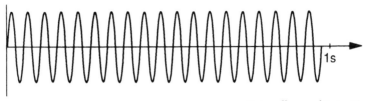

Betawellen, 14 bis 30 Hz

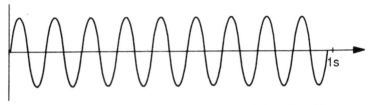

Alphawellen, 8 bis 12 Hz

mer sind und einen Entspannungszustand herbeiführen. Aber nicht nur das, sie aktivieren in großem Maße das rechte Gehirn mit seiner Gabe des ganzheitlichen, kreativen Wahrnehmens. Im Alphazustand entwickeln wir die besten Ideen, die Intuition ist hier am schärfsten. Deshalb sind Künstler und Forscher sehr an diesen Zuständen interessiert. Seit Urzeiten haben Menschen versucht, bewußt herbeizuführen, was die Natur „frei Haus" liefert. So entstanden körperliche Entspannungszustände, bei denen der Geist hellwach ist, wie die Meditation oder das Gebet.

Im Grunde ist der schöpferische Alphazustand aber eine völlig normale und gesunde Einrichtung im menschlichen Leben, denn er bildet das wichtige Gegenstück zur körperlichen Anspannung, in der der Geist ruht. Da wir heute kaum noch körperlich arbeiten, ist diese Balance aus dem Gleichgewicht geraten. Wir sind pausenlos geistig angespannt und körperlich erschlafft oder aber körperlich verspannt und geistig müde. Durch einen gesunden Zugang zur Alphaphase findet jeder wieder seinen Schlüssel zur Sensitivität. Die folgenden Übungen sind zwar in Hinblick auf die Tierheilung gedacht, aber ich konnte über die Jahre hinweg beobachten, daß sich bei vielen Übenden eine bessere Schlafqualität, ein besseres Einschlafen und ein besseres Vermögen, morgens frisch und erholt zu sein, einstellt. Da der Alphazustand sehr bildhaft auf unser Bewußtsein einwirkt, verwenden wir auch bei den Übungen Bilder.

Übung 14

Diese Grundübung führen wir zuerst beim gesunden Tier aus, weil es hier auf mehr als das bloße Erfassen des Zustandes ankommt.
Wählen Sie ein Tier, das Sie gut kennen. Es kann anwesend sein, oder Sie haben ein paar Haare von ihm oder eine Feder.
Schließen Sie die Augen, visualisieren Sie Ihre Solarplexus-Seeanemone. Wenn sie leicht und elegant Ihrem Atem durch Öffnen und Schließen folgt, erlauben Sie sich, auf der energetischen Ebene tätig zu werden und schalten Sie sich ein.
Nehmen Sie nun die Haare oder die Feder in eine Hand und stellen Sie sich eine schöne Landschaft vor. Sie sehen dort ein Gartentürchen, durch das Sie hindurchgehen und das Sie dann hinter sich schließen. Dies steht symbolisch für das Wechseln der Bewußtseinsebene.
Nun sehen Sie in Ihrer Landschaft eine schöne Treppe. Sie steigen sie gemütlich hinunter und zählen jede Stufe von zehn bis eins. Sie sind in einem leichten Alphazustand. Unten ist ein Lichtplatz, auf dem das Tier steht, dessen Haare oder Feder Sie haben. Begrüßen Sie es freundlich und bitten Sie es um Erlaubnis, mit ihm auf einer feinstofflichen Ebene zu kommunizieren. So gefragt, wird Ihnen das Tier die Erlaubnis geben.
Nun schlüpfen Sie an einer Ihnen angenehmen Stelle in das Tier hinein. Gehen Sie in ihm spazieren. Wenn Sie anatomische Kenntnisse haben, besuchen Sie die großen Organe wie Herz, Magen, Leber oder Nieren. Gleiten Sie durch die Därme, besuchen Sie das Adernsystem, und wandern Sie allmählich in Richtung Kopf. Setzen Sie alle Sinne zur Wahrnehmung ein. Wandern Sie im Gehirn umher und gehen Sie zu den Augen. Schauen Sie durch die Augen des Tieres hinaus, Sie sehen sich selbst dort stehen. Merken Sie sich, was Sie von sich wahrnehmen.

Kehren Sie zum Ausgangspunkt zurück, verlassen Sie das Tier und treten Sie wieder auf den Lichtplatz. Bedanken Sie sich bei Ihrem Tier für die Zusammenarbeit. Atmen Sie die frische Luft tief ein, und sagen Sie sich, daß Sie das Tier ganz loslassen. Steigen Sie gemütlich die Treppe hinauf und zählen Sie von eins bis zehn. Gehen Sie auf das Gartentürchen zu, öffnen Sie es und schließen es wieder hinter sich. Kehren Sie ins Hier und Jetzt zurück. Visualisieren Sie Ihre Seeanemone im Solarplexus. Sollte sie nicht zu Ihrer Zufriedenheit aussehen, atmen Sie eine Weile, bis sie wieder gleichmäßig Ihrem Atem folgt. Schalten Sie aus, indem Sie sich sagen: Ich verlasse die energetische Ebene und kehre ins Alltagsbewußtsein zurück. Öffnen Sie die Augen und strecken Sie Ihre Arme, Beine und den ganzen Körper genüßlich in alle Richtungen.

Diese Übung greift sehr tief und verhilft einem dazu, sowohl das Tier mit anderen Augen zu sehen als auch sich selbst. Da es zunächst ein gesundes Tier ist, in dem wir umherwandern, prägen sich auch die Bilder und Empfindungen von gesunden Zuständen ein. Wenn man später ein krankes Tier wählt, fallen einem sofort die Unterschiede auf.

Erfahrungsgemäß stellen sich am Anfang ein paar amüsante Merkwürdigkeiten ein: Man möchte die Treppe gemütlich heruntergehen, doch statt dessen springt man unwillentlich von der ersten zur letzten Stufe. Oder man war gerade noch bei der Leber und ist im nächsten Augenblick schon bei den Augen. Das zeigt, wie lebhaft Ihre Gehirntätigkeit ist und daß Sie die Gedanken noch nicht „an die Leine" nehmen können. Mit ein wenig Übung werden Sie merken, daß Ihre Bilder sich so entwickeln, wie Sie wollen. Später werden Sie sogar eine Lupe „ausfahren" können, um in eine Zelle zu schauen oder in noch kleinere Bestandteile des Körpers.

Wenn das Tier, mit dem Sie auf der mentalen Ebene kommuniziert haben, anwesend ist, so werden Sie erleben, daß es Ihre Aktivitäten durchaus wahrnimmt. Ich hatte einmal einen gelähmten Kakadu auf einen Kurs für Tiertherapeuten mitgenommen. Als wir gemeinsam diese Übung machten, hatte sich eine Tierärztin den Kakadu ausgesucht. Sobald sie sich in ihrer Reise durch seinen Körper den Beinen näherte, begann er heftig, sie zu bewegen und mit den Flügeln zu schlagen, als wollte er vom Boden abheben. Dazu brabbelte er fröhlich „Hallo, hallo!"

Sie werden unterschiedliche Erfahrungen machen, inwieweit Sie in ein Tier hineinschlüpfen bzw. mit ihm mental Kontakt aufnehmen können. Eventuell haben Sie bei Pferden einen schnellen Zugang, jedoch Mühe bei Katzen. Oder Sie haben kein Problem mit Hunden, aber ein Vogel erscheint Ihnen wie eine undurchdringliche Wand.

Wir haben es hierbei wieder mit dem Resonanzprinzip zu tun, weil ein Tier ein äußerst komplexes Biosystem ist, das verständlicherweise nur in einigen Bereichen mit uns zusammenschwingt. Wir sprechen vom „Wesen" der Katze, des Hundes oder des Vogels und meinen damit etwas, das weit über die Körperlichkeit hinausgeht. Sobald wir eine Tierart entdeckt haben, mit der wir leicht in Resonanz treten können, erfahren wir auch etwas über uns. Wir sehen, welche Facetten des Katzenwesens auch wir besitzen, welche Facetten wir mit dem Pferd, Hund oder Vogel gemein haben. Somit erfahren wir viel über uns selbst, wenn wir mit Tieren auf Alpha kommunizieren. Tiere sind von Natur aus „auf Alpha", deshalb ist diese leichte Entspannungs- oder Traumebene ein guter Treffpunkt, wo sich Mensch und Tier in der gleichen Bildsprache verständigen.

Als nächsten Schritt kommunizieren wir mit einem kranken Tier auf Alpha, auch hier ist dies die beste Ebene dafür. Die Übung dazu verläuft in zwei Teilen, um Sie nicht gleich zu überfordern. Der erste Teil widmet sich einer Art energetischer Bestandsaufnahme, der zweite dem Entschluß, dem Tier auf eine bestimmte Art und Weise Heilenergie zu senden. Später gehen die zwei Phasen nahtlos ineinander über.

Übung 15
Sie sollten für diese Übung die Möglichkeit haben, ein krankes Tier zu besuchen oder es bei sich zu Hause haben.

Visualisieren Sie Ihre Seeanemone im Solarplexus. Fragen Sie sich, ob Sie bereit sind, mit einem kranken Tier Kontakt aufzunehmen. Bleibt die Seeanemone so harmonisch in Farbe und Bewegung, wie Sie sie kennen, dann können Sie fortfahren. Verändert sich die Seeanemone zu ihrem Nachteil, so brechen Sie die Übung hier ab und verschieben Sie sie auf einen späteren Zeitpunkt.

Wenn Sie bereit sind, visualisieren Sie das kranke Tier. Sie können ein Foto, Haare oder eine Feder von ihm in der Hand halten. Begrüßen Sie mental das Tier, und bitten Sie um die Erlaubnis, in es hineinzuschlüpfen. Wandern Sie in seinem Organismus umher und merken Sie sich, was Ihnen auffällt. Kehren Sie zum Ausgangspunkt zurück, verlassen Sie das Tier und bedanken sich bei ihm für die Zusammenarbeit. Kehren Sie ins Hier und Jetzt zurück, nachdem Sie die Seeanemone noch einmal kurz auf ihre Harmonie hin geprüft haben.

Falls Ihre Seeanemone bzw. Ihr Solarplexus gelitten hat, ist das ein Zeichen, daß Sie eigene Energie unterbewußt an das Tier abgegeben haben. Atmen Sie in diesem Falle so lange, bis der Solarplexus wieder im Lot ist.

Notieren Sie, welche Unstimmigkeiten, Blockaden oder Veränderungen Ihnen im oder am Körper des Tieres aufgefallen sind. Nehmen wir an, die Leber sah schrumpelig aus, in den Blutgefäßen war es bisweilen eng und stickig oder nur eine Niere glänzte, während die andere matt aussah. Außerdem hatten Sie vielleicht im ganzen Körper den Eindruck von Müdigkeit oder zuviel Hitze, während es Sie in anderen Regionen fror. Da Sie keine Diagnose stellen müssen, müssen die Empfindungen, Wahrnehmungen und Bilder auch nicht zu einem logischen Zusammenhang formiert werden. In der Geistheilung spielen die Bilder, so wie sie wahrgenommen werden, eine zentrale Rolle und nicht, was sie klinisch bedeuten.

Nun folgt der zweite Teil der Übung, der je nach Person immer wieder anders ausfallen kann. Wir beginnen mit einer einfachen Sendung von Heilenergie in Gestalt einer für Sie energiestarken Farbe.

Schauen Sie wieder in Ihren Solarplexus und stellen Sie sich vor, daß Sie dem Tier gleich Heilenergie senden möchten. Welche Farbe wählen Sie aus?

Legen Sie nun Ihre Handflächen nach oben oder halten Sie die Hände in etwa 20 – 30 cm Abstand über das Tier. Das ist die gebende Geste. Visualisieren Sie Ihre Heilfarbe als eine Art Strahlenbündel oder Laserstrahl, der aus Ihrem Solarplexus und Ihren Händen strömt. Es kann sein, Sie entwickeln spontan soviel Energie, daß es dem Tier zuviel wird. Aus diesem Grunde sollten Sie die Hände nicht zu nahe am Körper halten.

Wenn Sie den Eindruck haben, daß die Energie schwächer wird, nehmen Sie die Hände zurück. Sie visualisieren wieder Ihren Solarplexus und seine Anemone und bringen ihn, wenn nötig, in den ursprünglichen Zustand zurück, bedanken sich bei dem Tier und kehren ins Hier und Jetzt zurück.

Sie sehen, diese Energiesendung erfordert Ihre Solarplexusenergie. Wenn das Sonnenzentrum unter Ihrer Kontrolle ist, können Sie unbedenklich Heilenergie senden, ohne selbst Ihre inneren Batterien zu entladen. Ganz im Gegenteil, wenn Sie sorgfältig mit Ihrem Sonnenzentrum umgehen, entwickeln Sie immer mehr Heilenergie.

Sie verstehen jetzt sicher auch, warum es nötig ist, immer wieder auszuschalten. Wenn Sie unbedarft mit mehreren kranken Tieren hintereinander kommunizieren, sind Sie bald erschöpft. Energiearbeit sollte aber niemals zum eigenen Nachteil sein, sondern das eigene Energiepotential noch vergrößern.

Es gibt Menschen, die Ihre Heilfarbe genau dorthin senden, wo sie im ersten Übungsteil die Schwächen entdeckt haben. Andere stellen das Tier unter eine farbige Lichtdusche, wieder andere versetzen sich in das Tier und verteilen dort die Heilenergie. Es gibt keine Regel, entscheidend sind Ihre eigenen Bilder, wie Sie Ihre Heilfarbe fließen lassen. Wenn Sie einige kranke Tiere auf diese Art visualisiert und mit Heilenergie versorgt haben, brauchen Sie die Übung nicht mehr zu unterbrechen. Mehr und mehr werden Sie in der Lage sein, sofort wenn Sie im Organismus einen Schwachpunkt sehen, Ihre Heilfarbe zu aktivieren.

Ich werde niemals einen kleinen Jungen vergessen, der auf einem Kurs für Alphatraining war. Wir hatten die Aufgabe, in einem kranken Tier mental Blockaden aufzuspüren, aber das Tier war nicht anwesend, sondern wir hatten nur seinen Namen. Da sagte der kleine Junge voller Stolz: „Da nehme ich gleich meine Wurzelbürste mit. Wenn es irgendwo in dem Pferd komisch aussieht, schrubbe ich die Stelle blank. Ich habe schon so manche Leber blankpoliert." Dieser Elfjährige konnte sich keine Heilfarbe vorstellen. Er hatte sich ein geistiges Zimmer mit Putzgeräten erschaffen, in dem allerlei Tücher und Bürsten vorrätig waren, die er auf die Reise durch ein Tier mitnahm. Von der Mutter erfuhr ich, daß er schon im Kindesalter große Heilerfolge bei Pferden hatte.

Wenn Sie auch mehr zu den „praktischen" Heilern zählen, die sich keine Farbe, dafür aber wirksame „Geräte" vorstellen können, so tut das der Heilenergie und der Heilungsqualität keinen Abbruch. Bei den meisten Menschen sind Farben jedoch ein Medium, das sie sich leicht vorstellen und emotional wahrnehmen können. Auch im Alltag verbinden wir mit Farben häufig bestimmte psychische und mentale Zustände.

In welches Bild oder Symbol Sie Ihre Heilenergie am Anfang kleiden, ist Ihnen überlassen, wichtig ist, daß Sie auf diese Weise Zutrauen zu Ihrer Heilenergie bekommen. Die höchste Kunst ist es, Heilenergie „einfach fließen zu lassen". Dies ist alles andere als einfach, will man nicht seiner Einbildung erliegen. Darum sind die Übungen auch so angelegt, daß Sie stets ganzkörperliche Erfahrungen machen und nicht nur Bilder von einer Sache im Kopf haben.

Dr. Eissfeldt bei der Heilungsbehandlung einer Siamkatze von der emotionalen Aura aus.

Dr. Eissfeldt bei der Heilungsbehandlung eines Meerschweinchens von der mentalen Aura aus.

Die Seeanemone ist das Symbol für einen harmonischen Solarplexus: Sie wächst auf festem Boden (Erdung), ist flexibel (flexible Reaktion auf energetische Anforderungen), und lebt im Wasser (Sinnbild für die Beweglichkeit der Emotionen).

Typische Anordnung der Geistheilung nach englischem Vorbild: Der Klient sitzt in dem Heilungskreislauf des passiven Heilers (hält die Hände) und des aktiven Heilers (steht hinter ihm). Sinn dieser Anordnung: Vertrauen des Klienten stärken; Kontrolle, wie es dem Klienten bei der Heilbehandlung geht, und ob die Heilenergie des aktiven Heilers auch wirklich spürbar ist.

Aktive Meditationsformen

Die Förderung der Heilenergie

Der geschlossene Heilerzirkel

Sie haben durch die vorangegangenen Übungen schon einige Erfahrungen mit Ihrer Wahrnehmungsqualität und Heilenergie gemacht. Doch wie können Sie Ihr Potential intensivieren und vergrößern? Das ist eine völlig berechtigte Frage, die z.B. in der Heilerschulung in Großbritannien an vorderster Stelle steht. Die einfachste Antwort dort ist bei uns die schwierigste, weil es noch so wenige Menschen gibt, die bereit wären, regelmäßig miteinander zu üben. Solch eine kleine Gruppe aus mindestens drei Leuten nennt man „Heilerzirkel". Sie sollten alle den Wunsch haben, ihre Heilenergie zu vergrößern und zu prüfen.

Ein Heilerzirkel läuft folgendermaßen ab: Man trifft sich regelmäßig jede oder jede zweite Woche an einem bestimmten Abend zur gleichen Uhrzeit und eröffnet die Runde durch ein kleines Gebet, in dem man um Inspiration und Energie bittet. Danach folgt eine Phase der Ruhe, der inneren Sammlung oder Meditation. Dabei werden die Hände locker auf den Schoß gelegt mit den Handflächen nach oben und zum Kreisinneren gewandt. Die Beine sind niemals überkreuzt, sondern stehen fest auf dem Boden. Die Augen können geschlossen oder offen sein. Nach dieser Meditation von vielleicht 10 bis 15 Minuten beginnt die Schulung der Heilungsenergie, wobei immer drei Leute zusammenarbeiten.

Vergleichen Sie das Foto auf S. 84: Ein Zirkelmitglied übernimmt die Rolle des Patienten, ein anderes Mitglied sitzt vor ihm und hält seine Hände. Die dritte Person steht hinter dem Patienten und hält die Hände über dem Kopf oder über den Schultern.

Die Aufgabe als Heiler besteht zunächst darin, in das Biofeld des Patienten hineinzuspüren. Man kann sich das so vorstellen, daß aus den Händen des Heilers zwei Laserstrahlen durch den Körper gleiten, die mit seinem Bewußtsein verbunden sind und momentane Befindlichkeiten im „Patienten" wahrnehmen. Der „Patient" soll sich auf die Heilenergie konzentrieren und versuchen, sie zu spüren. Der Heilerassistent hat die Aufgabe, das Tun des Heilers und die Veränderungen im „Patienten" zu beobachten.

Auch wenn man sich in einem Zirkel gut kennt, ist diese Übung sehr wirksam, denn man fühlt sich nicht immer gleich. Der Heiler kann somit auch verschiedene Wahrnehmungen des momentanen Zustandes spüren lernen. Zudem hat diese Übung den unschätzbaren Vorteil, daß tatsächlich Heilenergie ins Fließen kommt und daher die Zirkelmitglieder in ihren Genuß kommen.

Nach Ende der Sitzung tauschen sich die Beteiligten aus, was sie wahrgenommen haben. In einem Zirkel wird immer offen miteinander gesprochen, daher gibt es auch kein Leistungsdenken, sondern die wichtige Erfahrung, daß an einem Tag die Heilenergie beim „Patienten" gespürt wird und man selbst spürt, wie sie fließt, aber an einem anderen Zirkeltag vielleicht nicht. Es ist eine wunderbare Schulung zu begreifen, daß man keine Maschine und kein Automat ist, sondern bei aller Heilenergie ein ganz normaler Mensch, der mal viel, mal wenig Energie und Sensitivitätsintensität hat.

Haben sich die drei Teilnehmer ausgetauscht, werden die Rollen anders verteilt, so daß jeder einmal der Assistent, der Patient und der Heiler ist. Der Vorteil der Zirkelarbeit ist, daß durch die Teilnehmer Energie bereitgestellt wird, die jeder für seine eigene Reifung nutzen kann.

Die Aurafarben

Eine andere Variante der Zirkelarbeit, um die Heilenergie zu fördern, befaßt sich mit Farben, genauer mit den Aurafarben. Nur sehr wenige Menschen können die Aura mit dem physischen Auge sehen, aber fast jeder kann sie spüren und diese Empfindungen dann in Farbe umsetzen. Mein eigener Lehrer auf diesem Gebiet, Ray Williamson, sagte einmal: „Jeder Mensch ist ein lebender Regenbogen." Damit ist schon gesagt, daß alle Farben des Spektrums in der Aura vertreten sind. Mir ist zur Zeit niemand bekannt, der sich in Deutschland ernsthaft mit der Aura der Tiere befaßt hat. Jedenfalls gibt es über solche Erkenntnisse bisher keine Publikationen. Wir haben in unserem Zirkel schon oft Tiere behandelt und ihre Aura aufgemalt, wenn ihr Krankheitsbild mit den herkömmlichen Diagnosemöglichkeiten nicht zu verstehen war. Die Aurabilder führen häufig zu erfolgreichen Therapieideen und zu Heilungen. Wir entwickelten daher daraus eine Übung für Anfänger in der Geistheilung, die zugleich die Wahrnehmung schärft und die Heilenergie fördert. Nach unserer Erfahrung haben Haustiere drei Auraebenen, die bei Pferd, Hund, Katze und Vogel folgendermaßen aufgebaut sind:

Aura-Malvorlage Pferd

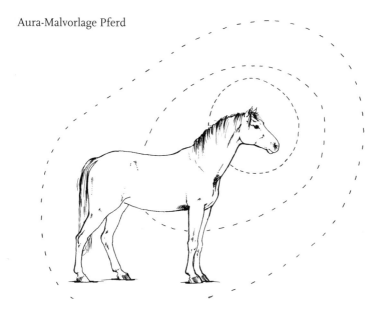

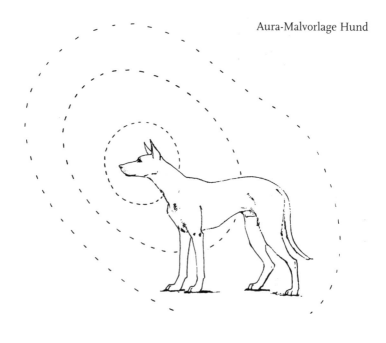

Aura-Malvorlage Hund

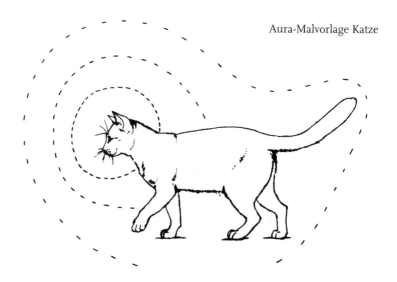

Aura-Malvorlage Katze

Aura-Malvorlage Vogel

Sie sehen, daß die physische Aura ungefähr gleich stark vom materiellen Körper abstrahlt, während die emotionale Aura bei Hund und Katze größer ist als bei Pferd und Vogel. Die mentale Aura strahlt wiederum bei Pferd und Vogel, proportional zu ihrer Körpergröße, weiter ab als bei Hund und Katze. Das hat mit ausgeprägten Fähigkeiten zu tun. Hund und Katze sind Meister im Wahrnehmen von emotionalen Schwingungen, und man kann als Mensch optimal auf dieser Ebene, natürlich auf Alpha, mit ihnen kommunizieren.

Pferd und Vogel sind Meister im Wahrnehmen von Gedankenschwingungen. Bei ihnen sind mentale Fähigkeiten vorhanden, die noch wenig erforscht sind und nicht mit der menschlichen Intelligenz verglichen werden sollten. Sie können klare Gedankenbilder aussenden, die beim sensitiven Menschen auch als mentale „Formen" ankommen. Mit Pferd und Vogel kann man am besten mental kommunizieren und das geht ohnehin nur auf Alpha. Da unter Hunden und Katzen ausgesprochene Schmusetiere existieren, meint man, die Berührung mit der Hand wäre schon die emotionale Kommunikation. Gehen wir aber auf Alpha, so entfaltet sich erst die Schönheit der emotionalen Ausdrucksnuancen bei beiden Haustierarten. Emotionalität hat durchaus etwas mit Würde gemeinsam. Auf Alpha erfährt man etwas über die Würde, mit der ein Tier bereit ist, sich dem Menschen in Liebe hinzugeben.

Kommen wir nun zur Zirkelübung mit Aurafarben:

Übung 16

Legen Sie Zeichenblock und Farbstifte bereit. Laden Sie ein krankes Tier zu Ihrem Zirkel ein und nehmen Sie es in Ihre Mitte. Es kann auch in einer Transportbox liegen. Sollte es sich um ein Pferd handeln, so müssen Sie zu ihm in den Stall gehen und sich im Kreis darum herumstellen.

Eröffnen Sie den Zirkel wie oben beschrieben und verweilen Sie für 5-10 Minuten in Ruhe, damit das Tier Ihre Schwingungen wahrnehmen und Sie einschätzen kann. Ein Tier versteht sofort Ihre positiven Absichten. Dann nehmen Sie Ihren Zeichenblock und malen freie Farben und Formen, die Ihnen spontan in den Sinn kommen. Falls Sie lieber die Umrisse des Tieres als Vorlage haben möchten, können Sie die Abbildungen von S. 87 bis 89 kopieren und dort Farben eintragen, wo Sie sie spüren oder gar sehen. Wir unterteilen die Übung wieder in zwei Phasen, damit Sie Sicherheit erlangen in dem, was Sie tun.

Diese Übung ist schon ein erster Schritt auf dem Weg zur mentalen Heilung, denn Sie setzen jetzt nicht Ihre Hände ein, sondern Ihre geistigen Antennen. Wenn Sie Ihr Aurabild fertig haben, ist die erste Phase der Übung zu Ende. Nun lesen Sie Ihr Aurabild, indem Sie dem Besitzer oder der Tierbesitzerin mitteilen, was Ihre Farben und Eindrücke bedeuten. Er oder sie bestätigt manches, manches vielleicht auch nicht. Durch das Feedback des Tierbesitzers entwickelt sich die Unterscheidungsfähigkeit von echter mentaler Wahrnehmung und Einbildung. Das Medium der Farben ist wie ein Anker in dieser Entwicklung, denn sie sind transformierte mentale Bilder oder emotionale Empfindungen.

Wenn Sie Ihre Empfindungen und Farbwahrnehmungen dem

Besitzer mitteilen, hört das Tier mit. Es versteht zwar nicht Ihre Wortsprache, aber die mentale Schwingung darin. Seien Sie deshalb immer aufrichtig. Es geht bei keiner einzigen Übung um Leistung und es gibt keine Wettkampftrophäen zu gewinnen. Wenn Sie nichts wahrnehmen, dann nehmen Sie nichts wahr. Versuchen Sie niemals, sich zu zwingen, denn dadurch blockieren Sie alle feinen Antennen.

Es folgt die zweite Phase, die später nahtlos der ersten folgt. D.h. der Austausch mit dem Tierhalter erfolgt später erst am Ende der Sitzung. Schauen Sie noch einmal das Aurabild an, danach schließen Sie für einen Moment die Augen und sehen auf Ihre Seeanemone. Visualisieren Sie eine Farbenergie im Solarplexus und in Ihren Händen, die Sie dem Tier senden möchten. Mit offenen oder geschlossenen Augen senden Sie diese Heilenergie intensiv zum Tier. Öffnen Sie wieder die Hände in gebender Geste zum Tier gewandt. Wenn Sie das Gefühl haben, daß der Energiestrom schwächer wird, kehren Sie die Hände um und legen sie auf dem Oberschenkel entspannt ab. Schauen Sie wieder in Ihren Solarplexus, ob Ihre eigene Energie im Gleichgewicht ist, schalten Sie auf „Aus" und kehren Sie in die Zirkelrunde zurück. Einer von Ihnen schließt nun den Heilerzirkel.

Nachdem Sie wiederholt über das Aurabild mit dem Tier Kontakt aufgenommen haben, stellen Sie sofort nach dem Aufmalen Ihre Heilenergie bereit und senden sie dem Tier. Auf den S. 102, 119, 120, 137 finden Sie einige Beispiele von kranken Tieren und ihrer Aura. Entscheidend bei dieser Arbeit ist das Verstehen der eigenen Wahrnehmung. Hier sind es die energetischen Impulse vom kranken Tier, deren Farben und Strukturen jeder Zirkelteilnehmer anders umgesetzt hat. Es gibt bei dieser Arbeit kein richtig oder falsch. Es ist nur wichtig, seine Farben und Formen oder sonstigen Wahrnehmungen zu verstehen und sie zu überprüfen. Deshalb ist es gut, wenn der Tierbesitzer entweder anwesend ist oder Sie ihm nach dem Zirkel mitteilen können, was Sie wahrgenommen haben, damit Sie Ihr Feedback bekommen.

Die Zirkelarbeit

Durch die Zirkelarbeit wächst das Potential der eigenen Heilenergie langsam und stetig heran. Gleichzeitig machen Sie drei wichtige Erfahrungen:

- 1. Jeder nimmt die Aura eines Tieres anders wahr;
- 2. Die Heilungssitzung für ein krankes Tier ist wesentlich kürzer als beim Menschen;
- 3. Wahrnehmungsintensität und Heilungskraft sind nicht immer gleich.

So selbstverständlich auch der dritte Punkt ist, so oft muß ich ihn immer wieder betonen, weil wir westlichen Menschen so stark auf Leistung getrimmt sind. Nehmen wir an, es passiert Ihnen das, was einem unserer Zirkelmitglieder widerfahren ist. Er saß ein Jahr im Zirkel, ohne das Geringste in den Händen zu spüren oder Farben wahrzunehmen, von dem Gedanken an Heilenergie ganz zu schweigen. Aber er saß geduldig und ignorierte zunächst seine Frustration. Das blockierte ihn noch mehr. Doch eines Tages wurde ihm klar, daß es überhaupt nicht um das Anstreben eines Zieles geht, das man dann abhaken könnte mit dem Etikett „Erreicht – Wo ist das nächste?" Er hörte auf, sich dauernd als unbegabt, ungeeignet oder unfähig zu maßregeln und ließ den schlichten Gedanken zu: „Ich fühle mich in dieser Runde sicher und nehme mir Zeit." Kaum war dieser Gedanke echt und von seinem ganzen Sein erfüllt, begann seine Sensitivität und Heilenergie zu fließen, ganz selbstverständlich und immer stärker werdend. Wenn wir gelegentlich einen „offenen Zirkel" haben und Freunde einladen, die noch nicht in einem Zirkel sitzen, dann ist dieser vormals so frustrierte Mann derjenige, der liebevoll den Gast oder die Gäste instruiert, einfach nur dazusein und nichts zu erwarten. Er kann sich wie kein zweiter in einen Menschen hineinfühlen, der sich mit sensitiver Arbeit befaßt und natürlich schnellstmöglich Erfolge sehen möchte.

Wir westlichen Menschen verlieren sehr schnell das Zutrauen zu unseren Fähigkeiten, wenn scheinbar nichts geschieht und sich keine Ergebnisse einstellen. Deshalb haben die Briten von Anfang an die Sensitivitätsschulung als soziale Einrichtung verstanden, bei der sich Menschen treffen, die sich mögen und vertrauen. Die berühmten „home circles" waren einfach Treffen von Gleichgesinnten, die miteinander ganz locker Übungen zum Zwecke der Förderung mentaler und medialer Fähigkeiten durchführten. Man unterscheidet hier zwischen einem geschlossenen Zirkel und einem offenen. Der geschlossene Zirkel ist eine Einrichtung, die mit viel Disziplin immer zur selben Zeit am selben Ort mit denselben Teilnehmern durchgeführt wird. Von solch einem Zirkel war oben die Rede. In ihm wird durch die Mitglieder ein starkes Energiefeld aufgebaut, das vor allem für Heiler ein wichtiger „pool" wird, aus dem sie für ihre Arbeit schöpfen können. Jeder geschlossene Zirkel entfaltet ein großes Energiefeld, und die Teilnehmer nutzen es für die Entwicklung von individuellen Fähigkeiten. Es leuchtet ein, daß man in einer solchen Runde viel leichter das Leistungsdenken und die Erwartungshaltung ablegen kann, wie sie unser Freund erlebt hat.

Der offene Zirkel kann nur aus einem geschlossenen erwachsen, der hin und wieder oder in großen regelmäßigen Zeitabständen seine Türen für interessierte Gäste öffnet. Der offene Heilerzirkel erlaubt auch den Mitgliedern des geschlossenen Zirkels, das Wachstum ihrer Heilenergie zu prüfen. Für die Neulinge ist es ein Hort der Sicherheit, erste Schritte in der Erfahrung der eigenen Sensitivität zu tun.

Die beste und einfachste Art seine Heilenergie zu entwickeln, ist es, einen Zirkel mit Gleichgesinnten zu gründen. Auch zu zweit läßt sich besser arbeiten als allein, weil verständlicherweise im Alleingang kein Feedback und keine Stütze vorhanden ist, wenn einen die Frustration überkommt, daß sich scheinbar nichts tut. Auf einer tiefen unterbewußten Ebene geschieht natürlich sehr viel, aber man selbst merkt es nicht so deutlich wie ein oder mehrere Partner. Außerdem ist es viel schöner, kreative Sensitivitätsübungen gemeinsam zu machen. Wenn Sie also ernsthaft an einer Schulung

Ihrer Heilenergie interessiert sind, kann ich Ihnen nur raten, einen geschlossenen Zirkel zu gründen. Alle namhaften Heiler, die ich kennengelernt habe, saßen jahrelang in der Obhut erfahrener Heiler oder zumindest zu zweit und dritt.

Der Sinn eines Zirkels besteht darin,

- 1. eine Instanz der Überprüfbarkeit zu schaffen (Feedback, Übungen),
- 2. dadurch Sicherheit im Umgang mit den eigenen Fähigkeiten zu erlangen,
- 3. ein Energiefeld zu nutzen, das von den Zirkelmitgliedern aufgebaut wird und entsprechend größer ist als das eigene und
- 4. durch dieses Energiefeld die eigene Heilungskraft zu erhöhen.

Ich habe auf meinem Weg viele „Geistheiler" getroffen, die meinten, eine Überprüfbarkeit des Heilenergiepotentials sei unnötig, man müsse einfach offen sein für die kosmische Energie. Das ist jedoch eine sehr naive Vorstellung, weil der uns umgebende „Kosmos" leider nicht nur positive Kräfte enthält, sondern, wie unsere Umwelt zeigt, vollgeladen ist mit negativen Gedankenformen, Strahlungen und Schwingungen. Wie will jemand ohne die Entwicklung eines untrüglichen Qualitätsbewußtseins die negativen Schwingungen herausfiltern und nur die guten zulassen und diese ins Fließen bringen, ohne zu wissen, was das für Energien sind, die da fließen? Wenn dies so einfach durch den Willen zu bewerkstelligen wäre, warum haben sich dann seit Urzeiten Schamanen oder Heiler verschiedener Kulturkreise die Mühe einer jahrelangen Schulung der feineren Sinne gemacht? Warum legte man Wert auf eine Überprüfbarkeit, ob bei Indianern, Indern oder Briten?

Wer sich mit dem menschlichen Bewußtsein befaßt, erkennt seine ungeheuren energetischen Möglichkeiten, aber auch seine Fähigkeit zur Einbildung und Selbstsuggestion. Im Interesse des potentiellen Heilers ist es fair, seine Wahrnehmung gleichzeitig mit dem Wachstum seiner Heilenergie zu fördern, denn es gibt ein Lebensgesetz im Bereich der feinstofflichen Energien:

Im Moment der sensitiven Wahrnehmung beginnt die Heilung.

Das ist so zu verstehen, daß im Moment der energetischen Kontaktaufnahme mit einem Lebewesen eine Resonanz entsteht, und sie ist nichts anderes als ein harmonischer Energiefluß. Ich habe selbst auch viele Jahre gebraucht, bis ich dieses ganzheitliche Prinzip nicht nur im Kopf, sondern mit jeder Zelle verinnerlicht habe. Nun ist es klarer: Wenn keine deutliche Wahrnehmung stattfindet, wenn die Gedanken im Niemandsland herumschwirren, welcher Heilungsimpuls soll dann daraus hervorgehen? Ich möchte sogar sagen: Wir müssen uns im Grunde gar keine Gedanken um unsere Heilenergie machen, wenn wir unsere Sensitivität systematisch, leistungsfrei und kreativ schulen. Sie entwickelt sich dann von ganz alleine. Das habe ich durch viele positive Beispiele exzellenter Heiler bestätigt gefunden. Ab einem gewissen Grad der Sensitivität wird zwar, wie oben beschrieben, in speziellen Zirkeln die Heilenergie geschult und gefördert. Aber es ergibt keinen Sinn und es entsteht keine weitere Entwicklung, wenn man nur auf das Empfangen von „kosmischer Heilenergie" fixiert ist, ohne das Unterscheidungsvermögen, welcher Art diese Energie ist, und ohne die Kenntnis der eigenen Fehlbarkeit. Wer also dauernd wie ein Radarschirm herumläuft und jedem erzählt, daß er oder sie pausenlos Energie empfange, macht sich etwas vor und schadet sich selbst. Es mag ja ein Potential von Heilenergie in diesem Menschen vorhanden sein. Aber es verflüchtigt sich schnell und macht der Einbildung Platz, wenn dieser Mensch nicht lernt, ein- und auszuschalten und seine feineren Sinne bewußt einzusetzen.

Die Heilungssitzung für ein krankes Tier

Wenngleich wir auch nicht im medizinischen Sinne mit einem Tier zusammenarbeiten, so ist es doch wichtig, hier genau zu differenzieren. Es gibt Tierärzte und andere professionelle Tiertherapeuten, die von Natur aus viel Heilenergie und eine große Sensitivität besitzen, ohne es zu wissen oder ohne beides zu nutzen. Aber ihr Auge ist geschult für den Krankheitszustand eines Tieres. Für sie ist es kein Problem, festzustellen, ob ein Tier sehr stark leidet, sich ist oder Schmerzen hat. Das Ideal ist der medizinisch bewanderte Geistheiler oder der Tiertherapeut, der auch als Geistheiler arbeiten kann. Aber es gibt auch begabte Menschen, die weder anatomische noch therapeutische Kenntnisse haben und dennoch eine wunderbare Heilergabe besitzen. Das Wissen macht nicht den Heiler aus, aber das Wissen kann sehr nützlich sein.

Ich nenne ein paar sinnvolle Regeln, die man als Geistheiler beachten sollte, wenn das kranke Tier anwesend ist:

Die Heilungssitzung sollte maximal 15 Minuten betragen. Ein Tier reagiert, ob gesund oder krank, sehr schnell auf Heilenergien aller Art. Hat das Tier Schmerzen, so sollte man es keinesfalls mit den Händen direkt berühren. Es gar zu massieren, ist unverantwortlich, wenn dies nicht durch eine Fachfrau oder einen Fachmann geschieht. Aber es ist inzwischen klargeworden, daß wir mit den Händen besser in der physischen, psychischen oder mentalen Aura wirken.

Jede Heilungssitzung sollte mit ein paar Minuten der inneren Einkehr eröffnet werden, in denen man sich seiner harmonischen Solarplexusenergie versichert und sich dem Tier mental mitteilt, es begrüßt und ihm sagt, daß man ihm Heilenergie zukommen lassen möchte. Auch ein krankes Tier ist eine würdevolle, vollwertige, ebenbürtige Persönlichkeit, die wir nicht einfach dominieren sollten und sei es auch durch Heilenergie. Erbitten Sie in diesen stillen Minuten die Erlaubnis der energetischen Kommunikation und der Heilungssitzung. Sie brauchen nicht zu befürchten, daß Sie vom Tier abgelehnt werden. Es kann wohl sein, daß es Sie noch etwas beargwöhnt, sich aber dann entspannt. Das erleichtert Ihnen den heilenergetischen Zugang zum Tier. Es gibt Ihnen auch das Gefühl der Sicherheit und Zuversicht, daß Sie das Beste tun und keine Heilungsversprechen daran knüpfen.

Ein krankes Tier ist oft gereizt, nervös, unleidlich, hat Schmerzen und kann sich nicht konzentrieren. Wenn es Bewegungsdrang hat, lassen Sie ihn zu, soweit dies möglich ist. Ist es ein Vogel, so können Sie ihn aber nicht ohne weiteres fliegen lassen. Halten Sie die Hände in einem Abstand zum Käfig, der den Vogel nicht bedrängt wie Sie auf S. 66 sehen können. Gerade bei Vögeln werden Sie erleben, wie kurz Heilungssitzungen sein können, denn sie haben keine Geduld, nehmen sehr schnell wahr, aber nehmen langsam auf. Deshalb ist es bei ihnen besser, öfter kurze Heilungssitzungen durchzuführen. Sie gewöhnen sich an Ihre Hände und machen es sich bequem.

Auch bei Säugetieren ist es immer besser, mehrere kurze Heilungssitzungen durchzuführen als eine lange. Wenn Sie wissen, daß das Tier Schmerzen hat, sollten Sie folgendes versuchen, das sich oft bewährt hat:

Schrauben Sie in eine Steh- oder Büroleuchte eine blaue Partybirne, richten Sie den blauen Lichtschein so auf das Tier, daß Sie selbst auch darunter sitzen können und führen Sie in dem blauen Lichtschein Ihre Heilungssitzung durch. Die Heilfarbe Blau wirkt sedierend auf das Schmerzzentrum im Gehirn von Mensch und Tier. Wenn Sie Ihre Heilungskraft aktivieren und die Hände zum Tier hin öffnen, beginnen Sie mit dem Senden von Blau als Heilfarbe, damit das Tier zur Ruhe kommt und sich entspannt. Danach können Sie Ihre Heilungsenergie durch ein anderes Bild ersetzen.

Der Tierbesitzer sollte immer in die Heilungssitzung einbezogen sein. Er muß selber nichts tun, darf aber niemals ausgeschlossen werden, denn er ist schließlich der wichtigste Vertrauenspartner des Tieres. Außerdem erfährt er, daß Geistheilung kein Hokuspokus ist, sondern eine sehr sanfte und vornehme Art das kranke Tier zu behandeln, zumal es ja nicht berührt werden muß.

Eine Heilungssitzung können Sie alleine, mit Ihren Zirkelmitgliedern oder im Falle des offenen Zirkels mit interessierten Menschen durchführen. Solch ein offener Zirkel ergibt sich z. B. ganz von selbst, wenn ich einen Kurs gebe. Dann dürfen selbstverständlich alle an der Heilungssitzung teilnehmen, denn mag auch ein Diamant (Heilenergie und Sensitivität) noch nicht geschliffen sein (durch Schulung), so ist er doch ein Diamant und hat seine Kräfte. Jeder positive, liebevolle Gedanke, der aus Herz und Hand einem leidenden Tier zuströmt, dient der Heilung und dem besseren Energiefluß im Tier.

Bitte erwarten Sie nie, daß das kranke Tier nach der Heilungssitzung wie durch ein Wunder gesund und kräftig aufsteht und alle
Krankheitszeichen wie weggeblasen sind. Wir üben uns nicht in
der Geistheilung, um Wunder zu vollbringen. Es gibt keine Wunderheilung im populären Sinne. Ich habe fantastische Spontanheilungen in Indien und England erlebt: Doch das Wunder, daß
jemand den Rollstuhl nach 15 Minuten auf immer verließ oder vom
Sterbebett aufstand, beruhte darauf, daß der Leidende durch seine
Heilungsbereitschaft ein idealer Resonator für den Impuls des Heilers genau in diesem Augenblick war und sein Bewußtsein darin
geschult hatte, daß er eins ist mit seiner Krankheit und nicht
getrennt von ihr. Jeder kompetente und ernsthafte Geistheiler
warnt davor, solche Spontanheilungen anzustreben und Wunder
vollbringen zu wollen, weil diese materiellen Gedanken die eigene
Heilenergie total blockieren. Wer als Wunderheiler auftreten möchte, Bewunderung für Heilerfolge sucht und den Applaus der Öffentlichkeit braucht, ist deshalb kein schlechter Mensch, nur ein
schlechter Heiler, weil er kein echtes Selbstbewußtsein besitzt. Wer
nämlich Selbstbewußtsein und Sicherheit in seiner Mitte erlebt, ist
nicht nach außen orientiert und braucht keine Werbung, kein
Marktgeschrei und keine Wunder.

Die wirklichen Wunder dieses Lebens offenbaren sich im Unscheinbaren und sind nur jenem zugänglich, der dafür ein Auge,
Herz und Bewußtsein hat. Wenn Sie den Gedanken an Wunderheilung aufgeben, geben Sie gleichzeitig den irrigen Gedanken auf:
„Das kann ich nicht, ich bin unfähig zu heilen." Wir sollten weniger bewundern, daß Jesus Christus dem Leidenden die Hand auf-
legte und dieser geheilt davon ging, sondern uns täglich fragen, was
hat dieser großartige Heiler in seinem Bewußtsein entwickelt, was
hat er getan, in sich erfahren, welche Frustrationen hat er über-
wunden, bis seine Hände diese Kraft entwickelt hatten? Diese Fragen führen zu der Antwort, daß er seine großen Gaben geschult hat
und daß jeder andere Mensch diese Gaben auch besitzt, denn sie
gehören zum Menschsein. Dadurch rücken wir dem Jesus- oder
Buddha-Bewußtsein (auch Buddha war ein großer Heiler) wesent-

lich näher, als wenn wir uns klein und unfähig machen und Jesus oder Buddha auf ein unerreichbar hohes Podest stellen, das wir anhimmeln und von dem wir Wunder erhoffen. Jesus und Buddha waren und sind die ersten, die jegliches Podest ablehnen.

Nachdem ich einige große spirituelle Meister kennengelernt habe, kann ich sagen, wir würden heute an einem Jesus und Buddha einfach vorbeigehen, wir würden sie nicht erkennen, weil wir erwarten, daß sie mit Pomp und Getöse, mit Heiligenschein und schwebend über der Erde erscheinen.

Soviel zum Thema „Wunderheilung".

Wenn Sie Ihre Heilungssitzung beenden, tun Sie es grundsätzlich, indem Sie zuerst Ihre energetische Balance prüfen, diese gegebenenfalls wieder durch ein paar ruhige Atemzüge herstellen, sich dann beim Tier bedanken und die energetische Ebene verlassen, um wieder ganz im Hier und Jetzt zu sein.

Eine weitere Möglichkeit, Ihre kurze Heilungssitzung für ein krankes Tier zu intensivieren, ist der Einsatz von sanfter Musik. Wir haben in England fast immer während der ersten Phase im Heilungszirkel mit Musik meditiert, um den Raum mit harmonischen Schwingungen zu energetisieren. Musik ist ein wunderbares Medium, durch das sich Tiere entspannen und sogar geheilt werden können. Es sollte Barockmusik, ruhige Gitarren- oder Harfenmusik oder New-Age-Musik sein, die den Geist zur Ruhe kommen läßt und die Alpha-Gehirnwellen anregt.

Man kann diese Art Musik auch leise während der Heilung laufen lassen.

Die telepathischen Fähigkeiten der Tiere

Die passive Beobachtungsgabe schulen

In der Psychologie ist weithin die Vorstellung verbreitet, daß Tiere deswegen weniger intelligent und kommunikationsfähig sind als Menschen und keine echten Emotionen und kein logisches Denken besitzen, weil ihre Gehirne weniger komplex gebaut sind als die der Menschen. Deshalb teilen sie sich angeblich nur auf sehr elementarem, rudimentärem Wege mit, eben durch Grunzen, Bellen, Pfeifen und andere Körpersignale. Diese Vorstellung wandelt sich jedoch allmählich, weil die WissenschaftlerInnen zunehmend entdecken, welch komplexe Bedeutung sich hinter den Lauten und Gesten der Tiere, angefangen bei den Bienen über Vögel bis hin zu Affen, verbergen... Viel mehr noch können wir mit Hilfe der Universalsprache der telepathischen Kommunikation von den Tieren selbst erfahren. Dazu müssen wir unsere Beobachtungsgabe und unser Bewußtsein schärfen.

Penelope Smith, Gespräche mit Tieren

Beginnen wir mit der Beobachtung. Es gibt ein aktives Beobachten, das eng mit dem Sehsinn verbunden ist und z.B. von Biologen in der freien Wildbahn bevorzugt wird. Es ist eine Form der stillen Beobachtung, weil der Mensch sich so still wie möglich verhält, um sich nicht durch Bewegungen zu verraten und Wildtiere zu vertreiben. Auch unter den Tierhaltern gibt es die aktive, stille Beobachtung wie den Aquarianer, der den Fischen zuschaut, den Vogelliebhaber, der seine bunte Schar in der Voliere beobachtet, oder den Hundehalter, der seinem Hund zuschaut, wie er über die Wiese rennt und herumtollt. Alle diese Beobachter haben eines gemeinsam: Sie verhalten sich still und schauen mit den physischen Augen.

Wer jedoch glaubt, die auf diese Weise beobachteten Tiere würden den Menschen nicht bemerken, unterschätzt ihre Wahrnehmungsfähigkeiten. Sie fühlen sich lediglich nicht bedroht und verhalten sich deshalb ganz „normal". Die aktive Beobachtung ist nicht dazu gedacht, mit dem Tier mental zu kommunizieren, d.h. vom Tier mentale Botschaften zu empfangen. Es ist den wenigsten Menschen klar, daß Tiere mit uns sprechen, freilich in ihrer eigenen Sprache. Menschen ergötzen sich vielmehr an Papageien oder Beos, die Worte oder Sätze der Menschensprache imitieren oder sogar assoziieren können und messen daran die Intelligenz des Vogels. Es sollte uns nachdenklich stimmen, daß so viele sprechende Papageien schwer krank werden, sich die Federn ausrupfen, sich selbst zerstören und qualvoll sterben.

Stehender thailändischer Tempelbuddha mit der Handgeste (Mudra) des Wohlwollens und der Begrüßung (siehe auch Seite 62).

Mohrenkopfpapagei, der sich seit 6 Jahren
rupft und sich als therapieresistent erweist.
Hier half die Erstellung des Auragraphs (unten), einen tieferen Einblick in die ursächliche Problematik zu gewinnen: Lebensunlust
und Gleichgültigkeit sich selbst gegenüber.

Auragraph des kranken Mohrenkopfpapageis. Insgesamter Eindruck:
zuviel Blau und Grau = Lebensüberdruß, Gleichgültigkeit, Stagnation.
Rote Striche in der physischen Aura: Störungen des Nervensystems,
Gehirnstoffwechsels und der Schilddrüse. Emotionale Aura: Grün = Sta-
gnation der Lebensenergie; Rot = aufgestaute Aggression, die der Vogel
gegen sich selbst richtet; Blau = Bewegungsunlust, Flugschwäche. Mentale
Aura: Grau = neurotische Verhaltensmuster, mangelnde Lebensfreude;
Gelb = große Sensitivität, kann Gedanken des Halters wahrnehmen;
Blau = sehr vorsichtig und wählerisch im Umgang mit Menschen.

Ich habe mich intensiv mit der psychologischen Bedeutung befaßt, warum jemand Wert darauf legt, einen sprechenden Vogel zu haben. In allen untersuchten Fällen konnte ich feststellen, daß bei den Haltern die Vereinsamung, der Kontaktverlust zu Mitmenschen, die Unfähigkeit, die eigenen Gefühle auszudrücken, ja, überhaupt emotionale Bedürfnisse zuzulassen, eine zentrale, aber unterbewußt wirkende Rolle spielen. Sie leben in ihrem Sprechvogel nicht gelebte Fähigkeiten und sind so sehr damit beschäftigt, ihre psychischen Probleme zu verdrängen, daß dieser Streß sie blind macht für die Bedürfnisse des Vogels. Diese Problematik wird auch in wissenschaftlichen Kreisen gut kaschiert, indem man meint, einem Graupapagei oder Ara durch primitive Übungen die Intelligenz eines dreijährigen Kleinkindes bescheinigen zu müssen oder bei Beos das Gehirn herauszuoperieren, um die Intelligenz in meßbare Fakten zu zerlegen. Ich werde ständig mit solchen Verhaltensweisen konfrontiert, die nichts, gar nichts über die mentalen Fähigkeiten der Tiere zutage fördern und frage mich, was das für eine menschliche Intelligenz ist, die so vorgeht?

Es ist völlig natürlich, daß ein Mensch, dessen Unterbewußtsein vollgeladen ist mit unerledigten psychischen Themen des eigenen Ausdrucks und der Kommunikation nach außen, nur die sehr eingegrenzte „anthropozentrische Perspektive" gegenüber einem Tier einnehmen kann. Die artgerechten Bedürfnisse eines Tieres zu begreifen, zuzulassen oder gar auf die Idee zu kommen, die Sprache des Tieres zu lernen, anstatt ihm menschliche Wörter aufzupfropfen, bedarf der drastischen Minderung unterschwelliger Probleme. Dann ist das Tier nicht mehr Ersatz für unerfüllte Wünsche oder nicht gelebte Fähigkeiten, sondern ein ebenbürtiger Partner.

Dann ist es auch möglich, eine ganz andere Art der stillen Beobachtung, nämlich die passive, auszuführen. Durch sie betreten wir eine völlig neue Welt, ähnlich der unserer ersten Alpha-Übungen. Es wird mit Recht behauptet, daß wir Menschen ein höchst komplexes und kompliziertes Gehirn besitzen, das sowohl linear, logisch und unterscheidend (linke Hemisphäre) als auch schöpferisch, ganzheitlich und wertfrei (rechte Hemisphäre) denken kann. Die Alpha-Übungen dienten dazu, die Qualitäten des rechten Gehirns zu aktivieren, indem wir in Bildern fühlen und Bilder senden. Die Bilder sind Energien verschiedenster Art. Das rechte Gehirn kann aber nicht nur aktiv arbeiten, sondern auch passiv: D.h. offen sein für Impulse, die vom Tier kommen, und diese umsetzen in Bilder, Symbole oder sogar Worte, die wir verstehen. Die Großartigkeit der rechten Gehirnfähigkeit können wir erleben, wenn wir passiv beobachten.

Übung 17

Setzen Sie sich bequem in die Nähe Ihres Tieres, in Ihr Vogelzimmer oder in Ihre Voliere. Ziehen Sie sich ganz in sich zurück, indem Sie nur auf Ihren Atem achten. Sie können sich auch wieder eine Treppe vorstellen, die Sie heruntergehen. Oder Sie lesen zunächst in einem Buch. Wichtig ist, Sie schauen das Tier oder die Tiere nicht an. Für ein paar Minuten wird das Tier noch abwarten, was geschieht und prüfen, ob Sie etwas von ihm wollen. Aber Sie wollen eben gar nichts von ihm, sondern machen sich so auf eine Weise „unsichtbar". In diesem Prozeß kann man spüren, wie man als Mensch allmählich Teil des Lebensraumes wird, in dem sich das Tier bewegt.

Wenn Sie das Gefühl haben, ganz bei sich zu sein, konzentrieren Sie sich auf Ihren Atem, der klein und sanft ein- und ausfließt. Wenn Sie meditieren, wählen Sie Ihren gewohnten Meditationsinhalt. In diesem Prozeß werden Ihre Sinne hellwach. Äußerlich scheinen Sie zu dösen oder zu schlafen, aber innerlich ist alles auf Empfang gestellt. Sie fahren gleichsam die Antennen aus. Versuchen Sie nun, sich Ihrem Tier mit einer solchen „Antenne" zu nähern. Und nun geschieht das Wunderbare: Sie empfangen Impulse vom Tier. Da wir Menschen nicht gewohnt und geübt darin sind, diese Impulse wahrzunehmen, geschweige denn zu verstehen, tut man sich am Anfang auch schwer, sie zu erkennen. Aber Sie sind ja keine Anfänger mehr nach den vorausgegangenen Übungen.

Versuchen Sie den Impuls des Tieres in die Nähe Ihres Solarplexus zu lenken und fragen Sie sich: Was bedeutet dieser Impuls spontan für mich? Lassen Sie alle Arten der Transformation zu. Wenn auf diese Weise ein Bild entsteht, fragen Sie ebenso spontan: Was sagt mir das Bild? Die Antwort darauf ist zugleich die Botschaft, die das Tier ausgesendet hat.

Bitte erwarten Sie nicht, daß Ihre Tiere Ihnen philosophische Abhandlungen oder bahnbrechende Ideen zukommen lassen, auf die Sie nicht selbst gekommen wären. Es geht darum, die energetischen (mentalen) Impulse, die das Tier aussendet, in ein für uns verständliches Symbol, Gefühl oder Bild zu transformieren und diese Transformation mit Hinblick auf das Tier zu verstehen. Das alles geschieht in Bruchteilen von Sekunden, denn die Gedankenkraft ist die schnellste Schwingung, die es gibt.

Diese Übung offenbart eine völlig neue Perspektive des Tierbewußtseins. Voraussetzung ist, daß wir uns als Mensch, so weit es irgend geht, zurücknehmen. Bei nicht zahmen Tieren können Sie erleben, daß sie auf Sie zukommen.

Ich habe diese passive Beobachtung jahrelang in meinem Vogelzimmer und in der Außenvoliere durchgeführt. Am Anfang, um die Energetik der verschiedenen Vögel zu „studieren", später auch, um ihr soziales Verhalten untereinander kennenzulernen. Dabei ist mir eines besonders klar geworden: Wie unscharf und unwichtig sind unsere physischen Augen, um mit einem Tier zu kommunizieren! Denn das ist der nächste Schritt: ihnen eigene Gedankenformen zukommen zu lassen und zu erleben, wie sie darauf reagieren und antworten. Bevor wir die nächste Übung ausführen, möchte ich ein paar Erlebnisse schildern, die mich Ehrfurcht vor dem Tierbewußtsein gelehrt haben.

Ich halte in einem der Vogelzimmer zwei Blattvögel (Weichfresser) und einen Goldbugpapagei, zwei Purpurnaschvögel und gelegentlich einen kranken Vogel, der zwecks einer gezielten Behandlung als einziger im Käfig sitzt. Alle anderen Vögel sind frei und können durch das Fenster in die Freivoliere fliegen. Der Goldstirnblattvogel Goethe ist ein Ausbund an Fröhlichkeit, zwitschert alles und jedes an und ist pausenlos in Bewegung.

Er ist nicht zahm, hat aber nicht den Funken von Angst. Allen Lehrmeinungen zum Trotz, man könne keine zwei Blattvögel halten, weil sie zu aggressiv sind, wählte ich einen jungen Blauflügelblattvogel als neuen Zimmergenossen. Goethe verteidigte natürlich sein Revier, und ich mußte den Kleinen vor ihm schützen, indem ich ihn immer nur kurze Zeit aus dem Käfig ließ. Eines Tages saß ich wieder im Vogelzimmer, auf passiven Empfang geschaltet und bemerkte, daß es sehr ruhig war: Fips, der Papagei, schlief, die Naschvögel schliefen und der kleine Grüne schlief. Nur Goethe saß mit offenen Augen auf einem Ast und peilte mich mal mit dem rechten, mal mit dem linken Auge an. Ich schloß die Augen und ging auf mentale „Tauchstation". Da wurde ich umbrandet von unzähligen Pfeilen, die alle nur eines bedeuteten: „Nein!!!!" Goethe bombardierte mich mit Bildern totaler Ablehnung, und es war unschwer zu verstehen, daß er sich weigerte, den neuen Vogel zu akzeptieren, zumal er der gleichen Vogelart angehört. Ich war so perplex, weil äußerlich im Vogelzimmer himmlische Ruhe herrschte, daß ich Mühe hatte, durch das „Bombardement" hindurch einen Gedanken zu senden, der diesen Inhalts war: „Ach, Goethe, sei doch nicht so aggressiv. Ich möchte doch so gerne mehr über euch Blattvögel wissen. Ich finde euch so toll!" Ich zog mich aus dem Schwarm von Goethes „Giftpfeilen" zurück und verließ das Zimmer.

Am folgenden Tag saß ich wieder im Vogelzimmer, hatte aber etwas am Computer zu schreiben und war damit beschäftigt. Am Copyholder habe ich eine Sitzstange angebracht, damit mich meine Vögel besuchen können. Plötzlich saß da Goethe und starrte mich intensiv an. Ich verstand sofort: „Geh auf Alpha!" Das tat ich und empfing mit meiner ausgefahrenen Antenne die Botschaft: „Laß den Neuen raus!" Ich war zutiefst erschrocken, denn ich ahnte Mordgelüste in meinem eifersüchtigen Goldstirnblattvogel. Aber etwas in mir sagte: Tue es. Vielleicht war es Goethe? Jedenfalls stand ich auf und ließ den Blauflügelblattvogel frei und setzte mich wieder hin, um auf Alpha zu „sehen", was geschehen würde. Ich schloß meine Augen und lehnte mich zurück, als würde ich schlafen. Diese Haltung kennen meine Vögel.

Es erhob sich ein unbeschreibliches, fröhliches Gezwitscher und Goethe tat etwas, was er noch nie in den 8 Jahren getan hatte: Er hüpfte laut singend auf meinem ganzen Körper herum, tupfte hier mit dem Schnabel, zupfte dort herum. Ich öffnete einen schmalen Schlitz der Augen und sah, daß er sein Balzgefieder zeigte – den türkisfarbenen Flügelbug und durch das Absenken der Flügel seine Paarungsbereitschaft. Mir schoß nur ein Gedanke durch den Kopf: „Oh Gott, jetzt gibt's Tote!", denn es ist bekannt, daß balzende Blattvögel ihren Partner oder Rivalen zu Tode jagen. Aber wieder sagte eine Stimme in mir: Bleib ruhig, laß locker. Vielleicht war es Goethe, denn ich empfing nur eine Information, die „Komm" bedeutete. Ich schloß erneut die Augen, entspannte mich und hörte, daß Goethe den Kleinen herbeilockte, der auch tatsächlich angeflogen kam, über mir auf einem Ast landete, während Goethe wie wild auf mir herumhopste. Jetzt kam die Information: „Guck, keine Gefahr, keine Gefahr!"

Goethe flog zum Waschbecken, hüpfte dort balzend herum und signalisierte dem neugierig herbeigeflogenen Blattvogel „Guck, keine Gefahr!" Dann flog Goethe zum Erzfeind des Vogelzimmers, zum Besen mit den schwarzen Borsten, tanzte, obgleich Wipfelbewohner, wie wild auf dem Boden und auf den Borsten herum, immer signalisierend „Guck, keine Gefahr!" Fasziniert öffnete ich meine Augen wieder einen schmalen Schlitz weit und sah, wie Goethe allerlei Stellen im Vogelzimmer aufsuchte, den neuen Blattvogel dorthin lockte und ihm versicherte, daß dort keine Gefahr lauere.

Dann beruhigte er sich, flog auf den Copyholder, plusterte sich auf und starrte mich an. Ich kehrte ins Tagbewußtsein zurück und sandte ein riesiges „Danke!" an Goethe. Als ich ihn anschaute, hätte ich wetten mögen, daß der Schalk aus seinen Augen sprach.

Von diesem Tag an war Frieden im Vogelzimmer. Der Blauflügelblattvogel wurde in alle Geheimnisse des Vogeldaseins eingeführt.

Dann kam der Tag, an dem der Kleine die Rolle des Lernenden gegen die des Lehrenden vertauschte, indem er Goethe beibrachte, im Flug Insekten zu fangen, was bis dato von ihm tunlichst vermieden wurde, weil es viel bequemer war, von mir die Maden serviert zu bekommen. Nun fliegen also zwei insektenfangende Blattvögel herum.

Aber damit nicht genug.

Fritz, der schwerkranke Gelbwangenkakadu, kam zu mir in Pflege. Ich stellte ihn ins Vogelzimmer, ging auf Alpha und fuhr meine Antennen aus, neugierig, wie sich die Vögel dem Neuling gegenüber verhalten würden. Fips, der Papagei, flog als erster zum Käfig, setzte sich außen auf den herausragenden Ast und peilte Fritz an. Ich nahm ein gegenseitiges Taxieren der Stärke wahr. Es gingen unaufhörlich Impulse zwischen den beiden Vögeln hin und her, die damit endeten, daß Fips begriff, daß Fritz nicht fliegen kann, und Fritz deutlich machte, daß er aufgrund seiner Größe trotzdem der Ranghöhere ist. Nachdem die beiden ihre Rangordnung geklärt hatten, flog Goethe herbei und sandte mir den Befehl: „Aufmachen, aufmachen!" Zuerst begriff ich nicht. Goethe setzte sich genau vor die Käfigtüre und bombardierte mich mit dem Bild der offenen Türe, also öffnete ich sie. Goethe hüpfte hinein und setzte sich zwitschernd neben Fritz, der ganz erstaunt schaute. Der Goldstirnblattvogel übernahm bis zum Tod des Kakadus den Ammendienst und dieser ließ sich das anstandslos gefallen. Der kleine Blauflügelblattvogel schaute zu und tat desgleichen, wie Sie auf S. 138 sehen können.

Der mentale Austausch

Sie können natürlich nicht mit Tieren sprechen (oder sonst jemandem), wenn das außerhalb Ihrer Vorstellungskraft liegt. Wenn Sie mentale Bilder und Gedanken empfangen möchten, müssen Sie fähig sein, auch selber welche zu schaffen, und deren Existenz anerkennen.

Penelope Smith, Gespräche mit Tieren

Damit sind wir wieder bei dem Gleichgewicht von Wahrnehmen und Energie senden. So wie wir bemüht sind, dem Tier unsere Gedanken und Wünsche zu übermitteln, so ist es auch das Tier. Penelope Smith führt diese „Zusammenarbeit" noch weiter aus: *„Bestätigen Sie bei jeglicher Mitteilung Ihres Tieres, daß sie bei Ihnen angekommen ist. Lächeln Sie, sagen Sie „danke" oder „alles in Ordnung", oder geben Sie ihm einen freundschaftlichen Klaps. Lassen Sie Ihr Tier wissen, daß Sie es verstanden haben. Sitzen Sie nicht regungslos, über die mögliche Botschaft grübelnd da... Manche Tiere zeigen ganz deutlich anhand sichtbarer Reaktionen, zum Beispiel Körperbewegungen etc., was sie wollen oder wie sie sich fühlen. Die Genauigkeit, mit der wir ihre Äußerungen verstehen, läßt sich dadurch steigern, daß wir ihre Körpersprache mit den mental übermittelten Äußerungen verbinden."*

Hier sind wichtige Schritte erwähnt, die zum mentalen Austausch mit einem Tier führen. Meine Tutorin für mentale Medialität, Margaret Pearson, sagte einmal zu mir: „Es gibt einen Ort und eine Zeit für die Arbeit auf einer mentalen Ebene. Wähle nicht irgendeine Zeit, sondern die richtige."

Das war leichter gesagt als getan, denn für den richtigen Augenblick mußte ich erst das richtige Gespür entwickeln. Tiere haben aktive Zeiten und stark ausgeprägte Ruhezeiten. Morgens sind nur wenige Tiere bereit, mit uns zu kommunizieren, denn es ist ihre Zeit der Körperreinigung und -pflege sowie der Nahrungsaufnahme. Unmittelbar nach dem Fressen ist Verdauung angesagt und nicht Zeit für lehrreiche Kommunikation. Etwa eine Stunde nach dem Fressen bei Säugetieren und am Nachmittag bei Vögeln ist eine gute Zeit, geistigen Kontakt aufzunehmen.

Wenn man beginnt, mit Tieren mental zu kommunizieren, so kann es sein, daß bisweilen der Eindruck einer undurchdringlichen Wand entsteht. Früher dachte ich, das sei ein schlechtes Zeichen, aber heute weiß ich, daß dies eine Art Schutzvorrichtung ist. Vor allem Vögel und Pferde, die lieber mental als emotional kommunizieren, haben diese Vorrichtung. Sie öffnen ihr Reich einem anderen Wesen nur, wenn sie sich sicher fühlen. Wenn wir als Mensch Zutritt bekommen, ist das ein Zeichen großen Vertrauens.

Übung 18

Setzen Sie sich bequem hin, visualisieren Sie Ihren Solarplexus. Gehen Sie auf Alpha und visualisieren Sie Ihr Tier. Warten Sie, bis Sie den Eindruck haben, das Tier hört Ihnen zu und ist aufmerksam. Dann senden Sie einen einfachen Gedanken aus. Sie können diesen Gedanken in eine Form geben, z.B. in ein kleines Schiffchen auf einem See oder in eine Wolke. Bleiben Sie konzentriert bei dieser Gedankenform und beobachten Sie unauffällig, wie Ihr Tier darauf reagiert: Körperlich oder mental, indem es Ihnen ebenfalls eine Mitteilung oder Antwort zurückschickt, die Sie dann in Ihr eigenes Verständnis transformieren.

Schließen Sie die Übung sorgfältig ab: „Ausschalten", der Solarplexus sollte intakt geblieben sein, kehren Sie dann ins Hier und Jetzt zurück.

Übung 19

Die nächste schwerere Übung ist ideal für Vogelhalter. Ihr Vogel sitzt mit angezogenem Bein auf einem Ast. Wenn der Vogel zutraulich ist, senden Sie ihm die Botschaft „Komm zu mir" oder bitten ihn, auf einen anderen Ast zu wechseln.

Sie werden erleben, daß – typisch für Vögel – zunächst gar nichts geschieht. Erst wenn Sie schon fast aufgeben, reagieren sie. Vögel brauchen immer die totale Entscheidungsfreiheit. Sie fangen die Gedankenform zwar schnell auf, aber warten, bis man mit dem Senden aufhört.

Übung 20

Diese Übung greift zwar schon etwas vor auf die Farben und ihre emotionale und mentale Bedeutung, aber Sie sollten sie schon jetzt ausprobieren.

Setzen Sie sich so weit entfernt von dem Tier, daß Sie es sehen, aber nicht berühren können. Visualisieren Sie verschiedene Farben und senden Sie diese nacheinander. Hüllen Sie das Tier dabei komplett in die Farbe ein. Nehmen wir an, Sie beginnen mit Blau. Wenn Ihrem Tier gerade nicht „blau" zumute ist, Sie aber intensiv und konzentriert das Tier in Blau hüllen, kann es sein, das Tier verläßt spontan seinen Platz und legt oder setzt sich woanders hin. Mag das Tier in diesem Moment Blau, wird es sich entspannen. Die Katze schnurrt, der Hund legt sich auf die Seite, das Pferd läßt den Kopf hängen und der Vogel plustert sich auf einem Bein sitzend auf. Senden Sie danach eine dynamische Farbe wie z.B. Knallgelb. Wenn Sie die Farbe nicht als Fläche visualisieren können, kleiden Sie sie in eine Form: Lauter gelbe Zitronen oder eine Wüstensonne oder ein Feld mit Sonnenblumen. Schauen Sie, wie Ihr Tier jetzt reagiert und versuchen Sie, die mit der Körperreaktion verbundene mentale Botschaft des Tieres zu verstehen.

Ich hatte einmal einen kranken Weißscheitelrötel (afrikanischer Singvogel), der sich stets in meiner mentalen Sonne badete und mir signalisierte: „Jeden Tag, bitte!" Als ich Grün und danach Blau sandte, sprang er jedesmal fort von dem Platz, zu dem ich die Farbe sandte und schickte mir die Information: „Das ist unangenehm!" Das war insofern ungewöhnlich, als Vögel normalerweise blaues und grünes Licht lieben.

In einem Hotel wartete ich einmal auf ein Taxi. Im Foyer lag ein Husky auf dem Boden. Ich machte mit ihm ein lustiges mentales Farbenspiel, indem ich ihm abwechselnd Blau und Orange sandte. Kam bei ihm Blau an, stand er sofort auf und legte sich woanders hin. Hüllte ich ihn in Orange ein, legte er sich auf den Rücken und lud mich zum Kraulen ein. Aber statt dessen sandte ich wieder Blau. Er verließ den Platz usw. Schließlich kam er zu mir, legte seine Schnauze auf meine Knie und fragte mich mental: „Nun, wie ist das jetzt mit dem Kraulen?" Ich kraulte ihn und versicherte ihm, daß ich ihn verstanden hätte und entschuldigte mich, daß ich ihn ein wenig geärgert hatte mit dem dauernden Wechsel von Blau und Orange.

Völlig entgeistert stand die Hotelbesitzerin plötzlich vor mir, schaute auf den Hund, dann auf mich und sagte: „Wie ist das möglich? Er geht nie zu Fremden und ist faul wie sonst was. Eben ist er so oft aufgestanden wie sonst auf sechs Tage verteilt!"

Eineinhalb Jahre später wollte es der Zufall, daß ich wieder in Bad Krozingen zu tun hatte und in demselben Hotel übernachtete. Ich wurde von dem Husky sofort schwanzwedelnd empfangen und erhielt die mentale Botschaft: „Nur Orange, nur Orange!" Kopfschüttelnd stand die Hotelbesitzerin am Empfangstisch. Sie sah, wie ich mich auf das kleine Sofa im Foyer setzte, die Augen schloß, und ihr Hund sich auf den Boden legte und heftig mit dem Schwanz wedelte. Der Husky bekam sein Orange. Dann kümmerte ich mich um Schlüssel und Zimmer.

Der Dame habe ich dann erklärt, was zwischen ihrem Hund und mir stattgefunden hatte, und das leuchtete ihr ein. Viele Tierbesitzer haben kein Problem, ihr Tier zu verstehen und fühlen sich auch von ihrem Tier verstanden. Wir gehen in der Geistheilung nur einen Schritt weiter, weil wir auch in der Lage sein möchten, mit einem fremden und kranken Tier bewußt Kontakt aufnehmen zu können.

Die Telepathie

Wenn der Vorgang der Transformation von mentalen Botschaften zwischen Tier und Mensch klar geworden ist, können wir dafür auch den Begriff der Telepathie verwenden. Darunter versteht man gemeinhin die Fähigkeit der Gedankenübertragung. Wir kennen alle eine Form der Telepathie, nämlich daß wir an einen Menschen denken und dieser im nächsten Moment anruft. Das ist die einfachste Art der Gedankenübertragung, weil wir den ausgesendeten Impuls erst in letzter Minute wahrnehmen, wenn er schon dicht bei uns angekommen und sogar der Aussender des Impulses schon aktiv ist.

Die Telepathie benötigt wie jede andere sensitive Gabe einen Resonanzpartner. Bei den Übungen stellt sich recht schnell heraus, daß einer besser sendet als empfängt, und ein anderer besser wahrnimmt als sendet. Aber telepathische Übungen sind immer so angelegt, daß man beide Fähigkeiten schult.

Die Telepathie wirkt ohne Raum und Zeit, da sie sehr stark die Fähigkeiten des rechten Gehirns für die Wahrnehmung und die linke für die spontane Umsetzung des empfangenen Impulses nutzt. Nur eine sogenannte „integrierte" Gehirntätigkeit, nämlich das harmonische Zusammenspiel beider Hemisphären, ermöglicht die Telepathie. Es ist jedoch nicht so, daß nur Gedanken im Sinne von Wörtern oder Sätzen zwischen Sender und Empfänger pendeln. Es können Gefühle und Bilder sein, Symbole und Formen. Das ist wichtig zu bedenken, weil Tiere natürlich keine Denkmuster in unserem Sinne aussenden, sondern mentale Formen oder auch Gefühlsinhalte, die uns zunächst fremd sind. Deshalb transformieren wir sie in unsere Denk- und Emotionsmuster. Genau so verhält es sich, wenn wir dem Tier etwas telepathisch senden. Es transformiert den Inhalt in seine mentale „Sprache" und versteht uns deshalb. Es versteht die Bedeutung dessen, was wir sagen, nicht die Worte.

Ich spreche bei Tieren gern von Telepathie, da dieser sensitive Austausch immer zwei ebenbürtige Partner braucht, einen Sender und einen Empfänger von gleicher Qualität. Indem wir mit einem Tier telepathisch „verkehren", ist es unser ebenbürtiger Partner. Dies ist ein wichtiger Schritt, uns von der überalteten Vorstellung zu lösen, Tiere seien geistlose Automaten und zu feineren Gefühlen und Gedanken unfähig.

Die beiden folgenden Übungen sollen Sie mit der Telepathie, unabhängig von Zeit und Raum, vertraut machen, denn das ist die Voraussetzung zur Geistheilung ohne Anwesenheit des Tieres und zur Fernheilung.

Übung 21
Führen Sie diese Übung nur aus, wenn das Tier Ihrer Wahl nicht anwesend ist. Sie haben von diesem Tier ein Foto, eine Haarprobe oder eine Feder in der Hand. Setzen Sie sich zu einer bestimmten

Zeit an einen ruhigen Platz. Schauen Sie auf Ihre Seeanemone, schließen Sie die Augen und gehen Sie auf Alpha. Visualisieren Sie das Tier, dessen materiellen Stellvertreter Sie in der Hand halten. Begrüßen Sie es mental und stellen Sie sich auf Empfang ein. Hören Sie mit den inneren Ohren zu, was das Tier mitteilt.

Sie werden feststellen, daß der Kontakt zum Tier wie ein elektrischer Draht ist, der warm wird und immer besser leitet. Bleiben Sie so lange auf Empfang, bis der Informationsstrom schwächer wird. Dann schalten Sie um auf Sendung. Senden Sie Gedanken wie an einer Perlenschnur, konzentriert und ohne Unterbrechung. Da Sie den Kontakt zum Tier hergestellt haben, können Sie auch seine Reaktion mit den inneren Augen sehen.

Diese Übung ist z.B. sehr gut, wenn Sie verreisen müssen und Ihre Tiere zu Hause geblieben sind und von jemand anderem versorgt werden. Ich hatte einmal einen australischen Glanzsittich, der stark litt, wenn ich verreiste. Er fraß dann nicht und saß verschüchtert in der Käfigecke. Die Dame, die unsere Vögel versorgte, geriet jedesmal in Panik, denn so ein kleiner Vogel stirbt schnell. Ich machte es mir zur Gewohnheit, jeden Abend um 18.00 Uhr das Foto des Vogels in die Hand zu nehmen und mit ihm telepathisch zu kommunizieren, egal wo ich war. Ich erfuhr dann von unserer „Fütterungshilfe", daß der Sittich Punkt 18.00 Uhr zum Freßnapf flog. Wenn ich mit ihm telepathisch Kontakt aufnahm, verhielt er sich so, als wäre ich zu Hause und war beruhigt.

Das mentale Heilen

Imaginationen

Während des Heilvorgangs arbeiten Heiler mit recht unterschiedlichen Imaginationen. Die einen konzentrieren sich darauf, einen Krankheitserreger abzutöten, einen Fremdkörper zu „dematerialisieren", eine Geschwulst zu zerstören – wie ein feindliches Angriffsziel. Andere halten jede aggressive Vorstellung für unvereinbar mit dem Wesen geistigen Hei-

lens; sie versuchen Bakterien und Viren deshalb eher behutsam aus dem Körper „hinauszuführen", oder sie konzentrieren sich darauf, das biologische „Gleichgewicht", die „natürliche Ordnung" und „Harmonie" im Körper wiederherzustellen. Andere malen sich aus, „Kanal" für ein göttliches Licht zu sein, das in sie hineinströmt und durch sie hindurch zum Patienten weiterfließt. Wieder andere erbitten einfach Gottes Beistand. Das Schicksal ihrer Patienten legen sie demütig in seine Hand, ohne damit irgendwelche gezielten Bitten zu verbinden.

Harald Wiesendanger

Die Liste der Imaginationen, mit denen Geistheiler arbeiten, ließe sich noch länger fortsetzen, denn selbst zwei Heiler aus derselben Schulung arbeiten nicht gleich, weil die Entfaltung der Heilenergie mit der des Bewußtseins und der Wahrnehmungstiefe einhergeht und somit individuell ist. Die Imagination, wie, wann und auf welche Weise Heilenergie gelenkt wird, ist für den Patienten unerheblich. Sie dient aber dem Heiler als Hilfe, den Kontakt zu seiner Heilenergie zu halten. Wie wichtig das ist, erkennt man daran, daß in einer Heilerschulung zum einen größter Wert auf Kreativität, Übungen zur Heilfühligkeit und Imaginationsgabe gelegt wird und zum anderen die Förderung der Heilenergie zu jeder Form der Sensitivität gehört. Man kann es ganz einfach zusammenfassen: Kein Heiler ohne Imagination, keine Sensitivität ohne Heilenergie. Die Schulung schafft somit eine breite Basis, die alle Möglichkeiten offenläßt.

Bei uns stellt man sich unter einer Geistheilerschulung etwas sehr Spezielles vor, von dem andere große Fähigkeiten abgegrenzt sind. Das Gegenteil ist jedoch der Fall. Da es sich bei der Sensitivität um natürliche Gaben handelt, die jeder von Natur aus besitzt, weil sie Ausdruck von Leben sind, setzt eine solche Schulung auch gleichzeitig auf allen Ebenen an. Dadurch erübrigt sich auch ein Leistungsdenken. Man läßt durch die vielen kreativen Übungen, die alle möglichen Fähigkeiten ansprechen, in aller Ruhe das heranreifen, was die wichtigsten Voraussetzungen für eine spätere „Spezialisierung" sind. Ich setze das bewußt in Anführungszeichen, weil ich in der indischen und englischen Schulung keinen Spezialisten im mitteleuropäischen Sinne getroffen habe. Es ist eher so zu verstehen, daß sich unter allen sensitiven Fähigkeiten allmählich ein Intensitäts- und Qualitätsunterschied herausbildet, aber alle Fähigkeiten bleiben erhalten und verfeinern sich. Eine ganzheitliche Schulung führt auch zu einem ganzheitlichen Ergebnis!

Durch die Entwicklung der Heilenergie wird auch die Imagination gefördert. Wenngleich es auch keine Regel gibt, wie man Energie imaginieren soll, so gibt es doch einige Formen, die man üben sollte, um die verschiedenen Ebenen der Mentalenergie kennenzulernen. Im Prozeß des mentalen Heilens fließen gerade auch bei der Imagination die natürlichen Schwerpunkte der Sinneswahrnehmung mit der Vorliebe jedes einzelnen für die Art, die Hände einzusetzen, harmonisch zusammen. Die schon zu Beginn dieses Buches vorgestellten Handtypen sind ja nicht nur äußerlich sichtbar unterschiedliche „Heilungsinstrumente", sondern sie weisen auch auf eine unterschiedliche „Handhabung" der fünf Sinne und der Imaginationsart hin.

Sie erinnern sich an das Beispiel des elfjährigen Jungen, der mit einem Sortiment ätherischer Bürsten bewaffnet „auf Alpha" zu kranken Menschen und Tieren reiste und dort alles Krankhafte wegbürstete. So praktisch denkend sind aber nicht alle Kinder. Ich habe auch solche erlebt, die eine Elfe herbeizaubern und mit dieser zum kranken Ort im Tierkörper wandern, um die Elfe dann die eigentliche Heilung vollziehen zu lassen. Ich bin beim „Alphatraining" immer gerne in die Kurse gegangen, an denen Kinder teilnahmen, weil sie noch eine natürliche und herzerfrischende, phantasievolle Imaginationsgabe haben. Uns Erwachsene versahen sie oft mit einem mitleidigen Blick, wenn wir uns abmühten, irgendwie in den Tierkörper hineinzuschlüpfen. Je jünger die Kinder waren, um so weniger konnten sie unser Problem verstehen. Ihre Worte begannen immer mit: „Das ist doch ganz einfach, du machst bloß ..."

Eben: Das Einfache in der sensitiven Sinneswahrnehmung und im Einsatz der Sinne verliert sich bei den meisten von uns beim

Erwachsenwerden. Wir waren alle einmal hellsichtig, hellfühlig, hellhörend, sprachen mit Geistwesen, sprachen mit Tieren, trösteten den Teddybären und holten uns Rat bei Elfen und Feen. Wenn wir dann ein paar Runden im materiellen Denken vollzogen, genügend Erfolge erworben und Geld verdient haben, erinnern wir uns schwach an jene Zeit, in der es noch andere Werte gab, und besuchen Kurse, um das sensitive Potential wiederzuentdecken. Versuchen wir gar nicht erst, dies zu werten. Es gehört zu unserem westlichen Menschsein, ein paar Kurven zu „fahren", ehe wir dort wieder ansetzen, wo wir schon einmal waren. Das hat den unschätzbaren Vorteil, daß man das Wiederentdeckte auch zu schätzen weiß.

In der Heilerschulung beleben wir daher die Fähigkeit, „einfach" zu sein, die jeder einmal hatte. Damit geht auch die Wiederentdeckung des Kindes in uns einher, und das ist äußerst heilsam für das positive Denken und kreative Handeln.

Das mentale Heilen hat aber noch einen anderen Aspekt, den wir vor den Übungen näher betrachten wollen. Diese Heilungsart wirkt wie keine zweite auf der Mentalebene, die als Vehikel die Gedankenformen wie Symbole oder Worte benutzt. Dabei wird die rechte, kreativ denkende Gehirnhemisphäre sehr stark eingesetzt. So wie das ganzheitliche, zyklische Denken dieser Hemisphäre ohne Raum und Zeit agiert, so ist auch das mentale Heilen unabhängig vom Raum bzw. von der Anwesenheit des Tieres in dem Raum, in dem wir uns gerade befinden, und von der Zeit. Um aber ohne Anwesenheit das Tier ebenso zu heilen, als wäre es leibhaftig vor uns, brauchen wir die erwähnte Imaginationsgabe, d.h. wir stellen uns das Tier wie in der ersten Alphaübung vor und schlüpfen in seinen Körper hinein.

Als nächstes brauchen wir eine mentale Bündelung der Heilenergie, die eine starke Konzentrationskraft voraussetzt. Nur an ein krankes Tier zu denken, reicht nicht aus, da unsere normale Mental- oder Gedankenkraft meistens unkonzentriert ist und wir nie gelernt haben, hundertprozentig bei einer Sache zu verweilen. Aus diesem Grund haben wir westlichen Menschen auch so Mühe mit den östlichen, passiven Meditationsarten.

Doch es gibt schöne Übungen, um die Mentalkraft erst einmal zu aktivieren und bewußt zu machen. Danach folgen Übungen zur Lenkung dieser Kraft und schließlich zur Heilung mit Mentalkraft.

Übung 22

Diese sogenannte „Erdungsübung" ist wie die meisten Mentalübungen multifunktional angelegt. Sie ist sehr wichtig für den Heiler, um den gleichmäßigen Fluß von Energie zu spüren und gleichzeitig hundertprozentig mit der Erde verbunden zu sein.

Setzen Sie sich gerade auf einen Stuhl mit aufgerichteter Wirbelsäule, ohne sich anzulehnen. Legen Sie die Hände mit den Handflächen nach unten entspannt auf die Oberschenkel, die Füße stehen fest auf dem Boden.

Nun stellen Sie sich eine Art Lichtdusche vor, die oberhalb Ihres Kopfes beginnt. Beginnen Sie mit der Imagination von goldenem Licht, das durch Sie hindurchfließt. Sie atmen ein, und beim Ausatmen fließt das goldene Licht durch den Kopf, Hals, durch Arme und Brust, durch den Bauchraum, das Becken, durch beide Beine, Knie, Unterschenkel, Fußknöchel, Füße bis in den Boden.

Sicher erscheint Ihnen zunächst der Weg vom Kopf bis zum Fuß zu lang für eine Ausatmung. Aber das ist gerade die mentale Übung, jenseits der Vorstellung von Raum und Zeit Energie fließen zu lassen. Wiederholen Sie die Übung fünfmal hintereinander.

Bei jedem Menschen tauchen am Anfang andere Hindernisse auf: Bei dem einen „hakt" es in der Halswirbelsäule, beim nächsten im Ellenbogen, bei einem anderen in den Knien und wieder jemand anderer schafft es nicht, die Energie bis in die Erde zu lenken. Schließlich geht einem die Luft aus, ehe das goldene Licht überhaupt die Hüftgelenke erreicht hat.

Das macht jedoch nichts. Diese Übung zeigt wie keine zweite, wie es um unseren eigenen Energiehaushalt bestellt ist, wo die Energie nicht frei fließen kann und wo Atem und Energiefluß nicht koordiniert sind. Sie ist somit auch die stärkste Selbstheilungsübung.

Erst wenn Sie eines Tages erleben, daß Ihr Atem gleichzeitig mit

Auragraph eines gesunden Hundes: Der gesamte Farbenkreis ist energetisch vertreten. Es ist eine Hundepersönlichkeit, die keinen engen Bezug zum Menschen braucht (Blau und Violett in der mentalen Aura), starke Wächterinstinkte hat (Hellgelb in der emotionalen Aura) und die Kreativität und Heilenergie der Halterin unterstützt (Grün und Orange in der emotionalen Aura).

Auragraph einer angeblich verhaltensgestörten Katze. Eindruck insgesamt: Die Katze hat einen gegensätzlichen Charakter, sucht keine enge Nähe zum Menschen, lernt ungern und langsam. Einzeichnungen auf dem Körper = physische Schwachstellen in Gelenken, Halswirbelsäule und Trauma auf der Kopfmitte. Emotionale Aura: helle Farben = große Liebe zur Natur, Kreativität, Lebensfreude im Umgang mit anderen Katzen (Grün, Grüngelb, Rosa); Graublau um den Kopf = egozentriert, will nicht auf Menschen zugehen. Mentale Aura: die Gegensätze Rot-Indigo = Einzelgängertum, schnelle Reaktionsfähigkeit, Aggression gegen zu große Nähe.

Das Auragraph überzeugte die Halterin, daß es sinnvoll ist, dieser Katze keine Nähe abzuverlangen und ihr mehr Freiheit zu gewähren.

der Energie ungestört durch den ganzen Körper fließt, werden Sie mit einem Hochgefühl verbunden wissen, was das heißt, „Energie fließen zu lassen".

Nach dem goldenen Licht wiederholen wir die Imagination mit dem silbernen Licht. Dies führt wieder zu neuen Erfahrungen und Erkenntnissen. Dann wählen Sie nacheinander die Farben des Regenbogens: Rot, Orange, Gelb, Grün, Blau, Indigo und Violett. Ich nehme stets noch ein Rosa, Türkis und Weiß hinzu, weil diese Farben sehr oft in der Tieraura enthalten sind.

Wenn Sie alle Farben problemlos beim Ausatmen durch Ihren Körper hindurchfließen lassen können, was in der Regel etwa ein Vierteljahr bei täglich 20 Minuten Übung dauert, wissen Sie, welche Ihre Heilungsfarbe oder -farben sind. Diese Erfahrung ist sehr wichtig, da es Tiere gibt, die eine bestimmte Heilfarbe brauchen, oder weil Ihre eigene Energielage mal sehr stark, mal etwas schwächer ist.

Ein Heiler ist ein verfeinerter Resonator für ein Lebewesen. Sie geben nicht nur Energie, die scheinbar von außen oder oben kommt, Sie geben auch von Ihrer eigenen Energie. Deshalb ist es unerläßlich, den eigenen Haushalt gut zu kennen und sich viele Wahlmöglichkeiten zu schaffen.

Diese wichtige Mentalübung hat über die Schulung des Energieflusses hinaus noch eine besondere Wirkung, die alle diejenigen unter Ihnen schätzen lernen, die öffentlich auftreten, denn sie normalisiert den Adrenalinspiegel, wenn Sie aufgeregt sind oder Lampenfieber haben. Sie zentriert und erdet, was sich ungemein positiv auf das Gedächtnis auswirkt. Seit 20 Jahren weiß ich aus eigener Erfahrung, daß diese Übung wie keine zweite ermöglicht, Gelassenheit und positive, heitere Ausstrahlung auch auf einer Bühne vor Hunderten von Zuschauern walten zu lassen. Obgleich Erdung der Zweck der Übung ist, erhebt sie durch die gelenkte und gebündelte Lichtenergie das Bewußtsein auf einen erhöhten Standpunkt. Dies überträgt sich in einer Weise auf ein Publikum, mag es noch so kritisch oder abweisend sein, daß wir nur staunen können.

Diese Übung sollten Sie auf jeden Fall in Ihr festes Programm aufnehmen.

Übung 23

Die gleiche Erdungsübung führen Sie diesmal mit einem gesunden Tier, das anwesend ist, durch. Vorher wiederholen Sie aber die Übung zur Kontrolle des eigenen Energieflusses durch Ihren Körper. Dann schließen Sie das Tier in den Lichtstrom während des Ausatmens ein, wie wenn das Tier unter einer Dusche stünde. Beobachten Sie, wo eventuell beim Tier die Energie nicht zügig durchfließt. Denken Sie nicht darüber nach, was das bedeuten könnte, sondern wiederholen Sie die Übung ein paarmal. Sie werden sehen, daß die Blockaden dadurch aufgehoben werden.

Übung 24

Die gleiche Übung führen Sie aus mit der Lichtfarbe Ihrer Wahl, diesmal aber mit einem gesunden Tier, das nicht anwesend ist. Von dem Tier halten Sie entweder Haare, eine Feder oder ein Foto in der Hand. Dieser Stellvertreter stellt den energetischen Kontakt zum Tier her. Beobachten Sie wieder, ob Ihnen Stellen im Körper auffallen, an denen die Lichtenergie nicht ungehindert fließt. Lösen Sie diese Staus nur, indem Sie erneut das Farblicht durch den eigenen Körper und das Tier lenken.

Übung 25

Die entscheidende Variante dieser Übung behandelt die Arbeit mit dem kranken Tier, das zunächst auch anwesend sein sollte. Um Sicherheit im Umgang mit dieser Übung zu bekommen, sollte die Krankheit allerdings nicht gleich bei dem ersten Heilungsversuch lebensbedrohlich sein. Führen Sie die Erdungsübung zuerst für sich selbst aus und achten Sie darauf, daß der Fluß der Energie harmonisch mit Ihrem Atem koordiniert ist. Lösen Sie eventuelle Staus erst auf, ehe Sie sich auf das Tier konzentrieren. Es ist wichtig, daß Sie dies schon in Anwesenheit des Tieres tun, weil Sie die völlig andere energetische Situation verstehen lernen. Ein krankes

Tier „tankt" wie jedes andere desolate Lebewesen unbewußt dort auf, wo Energie fließt. Sie sollen aber als Geistheiler nicht mit Ihrer physisch-psychischen „Batterie" dienen, sondern mit Ihrer Mentalkraft, die immer ein Potential nutzt, das Sie aus der umgebenden Luft entnehmen (Prana, Od, kosmische Strahlung usw.). Erst wenn Ihr eigenes Biosystem geerdet ist, konzentrieren Sie sich auf das Tier.

Wenn Sie das Tier in Ihren Lichtstrom einschließen und bei ihm an eine Blockade gelangen, verweilen Sie dort, indem Sie ruhig einatmen und mit dem nächsten Atem erneut die Lichtenergie an diese Stelle und durch diese Stelle leiten. Wichtig ist, daß Sie stets versuchen, den Strahl bis zur Erde zu bringen, auch wenn es hier und da „hakt".

Wiederholen Sie dies, bis die Energie auch durch diese Stelle beim Tier fließt. Wenn Sie gleich bei der ersten Blockade so heilend einwirken, korrigiert das bereits andere Staus und Blockaden. Dennoch können weitere Staus auftreten, die Sie dann in der gleichen Weise behandeln.

Übung 26

In einer weiteren Variante der Übung ist das kranke Tier nicht anwesend, Sie haben aber durch seinen „Stellvertreter" das telepathische Band hergestellt. Auch in diesem Fall ist es wichtig, daß Sie sich zuerst wieder erden und dafür sorgen, daß Ihre Lichtstrahlen ungehindert Ihren Körper passieren und in die Erde abgeleitet werden. Sie arbeiten ohne Raum und Zeit, deshalb steht die energetische Situation des Tieres im Raum, so als wenn es vor Ihnen säße oder läge. Gehen Sie genau so vor wie bei der vorangegangenen Übung, indem Sie beobachten, wo beim Tier eine Blockade auftaucht, die Sie mit mehreren Atemzügen und Lichtströmen auflösen.

Übung 27

Eine weitere Variante erweitert die Heillichtübung noch. Wählen Sie ein krankes Tier, das anwesend ist. Führen Sie zuerst wieder die

Erdungsübung für sich selbst durch, damit die von oben strömende Energie sich mit Ihrer eigenen vereint und beim Ausatmen ungehindert durch Sie hindurch in die Erde fließt.

Schließen Sie nun das Tier in das Heilungslicht ein. Beobachten Sie, wo ein Stau oder eine Blockade auftaucht. Sie verweilen nun wieder an dieser Stelle und erschaffen sich ein „Instrument", das Ihnen hilft, den Stau oder das disharmonische Bild positiv zu verändern. Seien Sie dabei kreativ: Sie können sich reale Gegenstände aller Art erschaffen, zum Beispiel einen Polierlappen für die Leber oder ein kleines Rohr zum Abfließenlassen der Stoffwechselprodukte, oder packen Sie die Leber in frische Handtücher, nachdem Sie sie gründlich gereinigt haben. Wichtig ist, daß Sie sanft mit der Blockade umgehen.

Wenn Sie somit Ordnung in die kranke Stelle oder Zone gebracht haben, dann konzentrieren Sie sich wieder auf Ihren Atem und lassen Sie beim Ausatmen Ihren Lichtstrom durch diese Stelle und den übrigen Tierkörper fließen. Nicht nur diese Stelle wirkt nun geläutert, sondern auch der übrige Körper wird transparenter. Finden Sie dennoch weitere krankhafte Stellen, so erschaffen Sie wieder ein Hilfsmittel. Nehmen wir an, Sie haben den Eindruck von krankhaftem Zellgewebe. Spülen Sie z.B. die Zellen rein oder belüften Sie sie mit einem Utensil, was vielleicht noch gar nicht erfunden wurde. Sie können das kranke Gewebe auch sorgfältig in eine Tüte stecken, neues Gewebe an die Stelle materialisieren und das alte beim nächsten „Lichttransport" in die Erde befördern.

Eine ältere Tierärztin schuf sich auf einem meiner Kurse unter ihren Füßen einen Gulli, in den sie alle krankhaften Flüssigkeiten ableitete, wenn nach der Reinigungsaktion der Lichtheilungsstrom durch den Tierkörper floß. Sie hatte sich ein geniales Reinigungssystem erschaffen mit unzähligen Stöpseln und Zuläufen, womit sie das Blut, den Harn, den Kot, den Speichel, das Sperma, kurz, alle Flüssigkeiten filterte. Sie „baute" bei einem krebskranken Hund zusätzlich einen Filter an den Gallenblasenausgang ein, damit „alles genau so funktioniert, wenn ich mal gerade nicht auf

Sendung bin", sagte sie verschmitzt. Denken Sie also ganz praktisch und erschaffen Sie spontan das ideale Hilfsmittel, das die krankhafte Erscheinung auflöst.

Übung 28

Die gleiche Vorgehensweise wählen Sie, wenn das kranke Tier nicht anwesend ist. Halten Sie Feder, Haare oder Kot entweder in einer Hand oder legen Sie diese Ersatzstoffe auf Ihre Brust unter der Kleidung. Materialisieren Sie Ihre Hilfsmittel wie im Falle des anwesenden Tieres.

Sie werden erleben, daß Sie sich selbst erfrischt und energiegeladen fühlen, wenn Sie so vorgehen wie in den einzelnen Übungsstationen beschrieben. Und dies, obgleich Sie kranke Tiere „behandeln".

Es gibt ein paar Punkte, die ich noch erklären möchte. Sie haben bei unserem Übungsverlauf gesehen, daß ich immer abwechsle zwischen anwesendem und nicht anwesendem Tier. Dies ist absichtlich so geordnet, denn Sie sollten immer wieder die Möglichkeit haben, ein Tier im Geistheilungsprozeß zu erleben. Da ist z.B. zu bedenken, daß Sie dem Tier fremd sind und es trotz seiner Krankheit natürlich mißtrauisch oder ängstlich ist. Es ist aber weniger Ihre mentale Heilung, die bei ihm „Aufsehen" erregt, als vielmehr die plötzliche Stille, wenn Sie mit Ihrer Sitzung beginnen. In der freien Natur ist das plötzliche Verstummen immer ein Alarmzeichen. Auch wenn das Tier in Ihrem Heilungsraum sehr schnell merkt, daß keine Gefahr droht, so halte ich es doch für besser, wenn Sie dem Tier erklären, was auf es zukommt. Bevor Sie mit der Heilungssitzung beginnen, können Sie zum Beispiel sagen: „ Ich ziehe mich jetzt zurück, dadurch wird es still im Raum, und wir begegnen uns auf einer anderen Ebene." Ist der Tierhalter anwesend, dann erklären Sie ihm, daß Sie für eine Weile in die Stille gehen, um sich auf das Tier zu konzentrieren. Das versteht jeder. Ich sage es aber auch dem Tier, denn schließlich ist es die Hauptperson.

Ein weiterer Aspekt des mentalen Heilens wird in meinen Kursen stets angesprochen, weil viele Menschen unsicher sind, ob sie die Blockade genau erkennen. Nicht jeder Geistheiler ist Tierarzt oder ein anderer Tiertherapeut, der sich in der Anatomie und Physiologie gut auskennt. Das ist für die Heilung auch gar nicht wichtig. Nehmen wir an, beim Senden eines goldenen Lichtstromes haben sie ein unbestimmtes Gefühl, wenn dieser vom Kopf zum Hals übergeht. Dann wählen Sie den gesamten Bereich für Ihre „Heilung vor Ort", ohne darauf zu achten, was anatomisch alles betroffen sein könnte.

Nehmen wir an, Ihr goldenes Licht kommt nicht so recht auf der linken Bauchseite weiter und Sie spüren einen Stau. Sollte Ihnen sofort das Organ „Milz" oder „Magen" in den Sinn kommen, dann arbeiten Sie damit. Wenn Sie aber nicht den Eindruck eines Organs haben, sondern von etwas Kleinerem, dann können Sie eine Lupe erschaffen. Sie können den Körperbereich damit bis auf eine Zelle vergrößern. Ein Kursteilnehmer visualisierte einmal die DNS-Spirale in einer Katze und schaute, ob alles in Ordnung war. Ihrem Imaginationswunsch sind keine Grenzen gesetzt. Ob nun eine definitive Stelle, ein Organ, ein Funktionskreis oder eine Zone, Sie müssen nicht unbedingt von der Anatomie ausgehen. Doch wenn Sie häufig eine bestimmte Tierart für eine Heilungssitzung annehmen, empfehle ich Ihnen, sich die physiologischen Grundkenntnisse anzueignen. Es kann auch nicht schaden, sich einmal Fotos von inneren Geschwülsten und Tumoren oder Fotos anderer pathologischer Erscheinungen typischer Tierkrankheiten kurz anzuschauen, damit Sie ein Bild gespeichert haben, das Sie leichter wiedererkennen.

Aber ich möchte es noch einmal betonen: Für die Qualität der Heilenergie und deren Wirkung spielt es keine Rolle, ob Sie medizinische oder biologische Kenntnisse haben. Das Interesse dafür ergibt sich von allein, wenn Sie häufiger als Geistheiler tätig sind. Ich finde es zu Beginn wichtiger, mit Energien umgehen zu können und zu verstehen, wie man als Heiler arbeitet.

Passive Meditationsformen

Das spirituelle Heilen

Wir sprachen bereits über die verschiedenen Auraebenen. Die spirituelle Aura ist eine Synthese aus der physischen, emotionalen und mentalen Ausstrahlung des Biosystems. Für die Qualität der Heilung ist es unerheblich, auf welcher Ebene wir wirken, d.h. ob wir mehr mit den emotionalen oder mentalen Bildern umgehen oder ob wir die Hände in der physischen Aura einsetzen. Es ist ganz natürlich, daß man alle drei Ebenen schult und durch die Übungen Erfahrung sammelt, was einem stärker und was weniger liegt. Die spirituelle Ebene erschließt sich erst durch die reiche Erfahrung auf den anderen drei. Sie setzt den harmonischen und selbstverständlichen Umgang mit den verschiedenen Energien voraus.

Um dies besser zu verstehen, betrachte ich das prinzipielle Wesen der bisherigen Übungen. Um sie auf einen Nenner zu bringen, bezeichne ich sie als „aktive Meditationsformen". Aktiv deshalb, weil Sie auf der Alphaebene der Gehirntätigkeit, also unserer inneren Bilder- und Farbenwelt, agieren. Sie gehen mit Imaginationen, Gefühlen und Symbolen um. Das alles sind bewegliche energetische Elemente, die für das westliche Bewußtsein sehr gesund sind, denn es liebt Abwechslung und geistige Bewegung. Auch das Wechseln von der physischen zur emotionalen, von dort zur mentalen Ebene und wieder zurück zur physischen oder emotionalen ist ideal, um unser Bewußtsein zu schulen. Die aktiven Meditationsformen lassen sich mit ein wenig gutem Willen mühelos in unseren Alltag integrieren. Sie benötigen wenig Zeit, weil es ja stets auf den ersten Eindruck ankommt, der bekanntlich schnell oder gar nicht auftaucht. Die Sensitivitätsschulung dient also dazu, die von Natur aus flüchtige Gabe der Intuition durch Übungen zu stabilisieren. Aber die Intuition ist immer ein momentaner Eindruck. Die Übungen dienen dazu, ihn „festzuhalten" und seine Bedeutung zu verstehen.

Es gibt aber auch passive Meditationsformen, die in den asiatischen und europäischen Klostertraditionen entstanden. Unsere Esoterikszene ist durchdrungen von diesen Meditationsformen, die als Dauerausrichtung nur für die wenigsten westlichen Menschen geeignet sind und daher viel Streß und Druck erzeugen. Es ist zweifellos eine große Herausforderung, 40 Minuten im vollen Lotussitz zu verbringen oder komplizierte Hatha-Yogaposen einzunehmen. Aber die langen Meditationszeiten in vollkommenem Schweigen und mit gekreuzten Beinen verleiten dazu, den Leistungsmenschen in uns wachzurufen, anstatt den fröhlichen Bewegungsmenschen, der spielerisch lernt.

Ich habe genügend Menschen kennengelernt, die zwar komplizierte Yogameditationen ausführen können, aber keine Energie aufgebaut haben und keine positive, kraftvolle Ausstrahlung besitzen, von Heilenergie ganz zu schweigen. Ich stelle häufig fest, daß diese Menschen zwar willens sind, einen spirituellen Weg zu gehen, aber nicht auf ihre Intuition hören, was ihnen wirklich gut tut und was sie mit Lebensfreude erfüllt, um ihren Alltag leichter und kreativer zu gestalten. Es stimmt mich nachdenklich, wenn ich in einem Kurs mit Tiertherapeuten eine einfache Alphaübung durchführe und ausgerechnet diejenigen in Panik geraten, die mit Engeln kommunizieren, Cakras reinigen, auf- und zudrehen, die höchsten Formen des Yoga üben usw. Ich sehe, daß viele Menschen das Pferd von hinten aufzäumen, indem sie von spirituellen und kosmischen Dimensionen sprechen und vermeintlich in ihnen heimisch sind und doch nur ihrer Einbildung erliegen, weil gar kein Fundament vorhanden ist.

Die östlichen Schulungswege sind Jahrtausende alt, ausgereift und unzählige Male optimiert worden, denn sie entspringen ausschließlich einer ungebrochenen Tradition intensiver Beobachtung des menschlichen Bewußtseins. Ich kenne keine seriöse spirituelle Schulung Asiens, die nicht ein wunderbares Gleichgewicht zwischen passiven und aktiven Meditationen für ihre Schüler bereithielte. Was wir von Indiens Yogawissenschaften, aus Tibets oder Thailands Klostertraditionen in den Westen übernahmen, ist in der Regel ein Torso der ganzheitlichen Schulung im Lande selbst. Natürlich sind wir fasziniert von dem Andersartigen und Spektakulären, das womöglich unserer Ratio widerstrebt. Je schwieriger es uns erscheint, um so mehr werden wir angestachelt, die Schwierigkeiten zu meistern. Und so sitzen wir verbissen in klösterlicher Abgeschiedenheit, verdrängen den Schmerz in den verschränkten Beinen, quälen uns durch hinduistische oder buddhistische Rituale und streben geistige Askese an. Das ist zwar verständlich, schaltet jedoch viel zu häufig den „common sense", den gesunden Menschenverstand, aus. Es fehlt hierbei der Ausgleich, der aktive Aspekt des jeweiligen Schulungsweges, der meistens nicht spektakulär und schwierig ist und deshalb von jenen als überflüssig erachtet wird, die östliche Wege auf dem Esoterikmarkt anpreisen.

Nach meiner Erfahrung sollte das Verhältnis von aktiver und passiver Meditation beim westlichen Menschen 4:1 sein, weil durch die Betonung des aktiven, kreativen, beweglichen Schulungsanteils weniger Frustration und mehr Energie in Fluß kommt und vor allem unser beharrliches Leistungsdenken gemildert wird.

Bisher haben Sie zum Thema der Geistheilung somit die Dreiviertel aktiver Meditationsarten kennengelernt. Auf einer solchen Basis ist es viel leichter, auch eine passive Meditationsart zu üben, die zum Beispiel für das spirituelle Heilen Voraussetzung ist. Sie sehen, wie sich eines aus dem anderen ergibt und Ihre energetische Pyramide allmählich den Bereich der Spitze erreicht.

Was ist nun eine passive Meditation? Ganz einfach gesagt: Sie spielt sich bei vollkommener Körperstille auf einer Ebene langsamer Gehirnwellen ab. Betrachten wir also die verschiedenen Gehirnwellen, auf die ich in meinem Buch „Die Sinne verfeinern" näher eingehe. Die Alpha- und Betawellen finden Sie auf S. 76.

Sie sehen auf S. 130, daß die Theta- und Deltawellen des Gehirns ein Bewußtsein steuern, das jenseits der Bilderwelt (Alpha) wirkt. Um diesen Zustand „ohne Bilder" zu erreichen, vermittelt man in

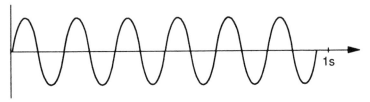

Thetawellen, 5 bis 7 Hz

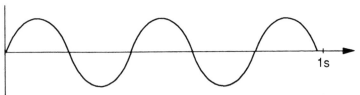

Deltawellen, 0,5 bis 4 Hz

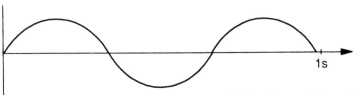

Subdeltawellen, 0,5 bis 2,5 Hz

allen traditionellen süd- und ostasiatischen Schulungswegen seit Generationen eine äußerst einfache Grundübung. Sie ist so wenig spektakulär, daß sie bei uns kaum jemand kennt oder ausübt: Es ist das simple, sich ständig wiederholende Zählen von eins bis zehn.

Übung 29
Nehmen Sie sich für diese Übung morgens 10 Minuten Zeit, in denen Sie niemand (auch kein Telefon oder Fax) stört. Setzen Sie sich auf einen Hocker und halten Sie die Wirbelsäule entspannt aufrecht. Verschränken Sie die Füße und die Hände. Dadurch entsteht eine energetische Acht. Man nennt das „Schließen der Kreis-

läufe". Halten Sie die Augen leicht gesenkt und offen. Vor Ihren Augen sollte kein auffälliges Muster, kein Bild oder Gegenstand sein, der Ihre Aufmerksamkeit anziehen könnte. Am besten ist ein leerer Wandabschnitt. Stellen Sie einen Wecker auf 10 Minuten und legen Sie ihn unter eine Schale, damit das Ticken nicht so laut ist. Nun beginnen Sie sanft hin und her zu schwanken, bis Sie das Gefühl haben, Ihre Wirbelsäule ist ganz in der Mitte. Dann beginnen Sie fortwährend von eins bis zehn zu zählen. Wenn Sie bei „fünf" merken, Sie sind mit Ihren Gedanken abgedriftet, macht das nichts. Sie beginnen immer wieder bei eins, wenn Sie irgendwo den Faden verloren haben.

Wenn die Uhr klingelt, beginnen Sie wieder sanft zu schwingen, um aus der Ruhehaltung wieder in die Bewegung überzugehen.

Sie werden folgende Erfahrungen machen:
- Ihr Gehirn gleicht einem Bienenstock. Tausend Gedanken kommen und gehen.
- Sie nehmen die Welt um sich herum mit Ihren Sinnen deutlicher wahr.
- Sie verlieren allmählich das schwere Körpergefühl. Es kann sein, Sie fühlen ihn momenthaft gar nicht mehr.
- Sie verlieren das Zeitgefühl. Die 10 Minuten gehen im Nu vorbei oder ziehen sich zäh und endlos dahin.

Dies alles ist völlig normal und zeigt, daß Sie die Übung richtig ausführen. Was bedeuten die einzelnen Elemente der Übung?
Die aufrechte Haltung ohne Anlehnen gewährt den feineren Energien, die aus Ihrer Wirbelsäule und aus Ihrem Rückenmark strahlen, mehr Raum. Die offenen Augen stehen für den Bezug zum aktiven Leben und mindern die Produktion von inneren Bildern. Bei geschlossenen Augen besteht zudem die Gefahr des Eindösens und des Abdriftens in traumähnliche Zustände. Die offenen Augen halten wach im physischen wie im übertragenen Sinne. Die gesenkten Augen stehen für ein Sehen ohne Focus und für das „Selbstgespräch" oder den Blick nach innen. Das Zählen von eins bis zehn

steht für die Aktivität des linken Gehirns, das eine Aufgabe braucht, um nicht dauernd andere Denkinhalte zu produzieren. Es diszipliniert und reinigt sowohl den Gedankenfluß von unwichtigen Mentalbildern als auch das Bewußtsein von dem Anhaften an einem Gedanken.

Ich möchte es noch einmal hervorheben: Es ist völlig normal, daß Gedanken und Ideen kommen und gehen. Stellen Sie sich diese Gedanken wie kleine Wölkchen oder Segelschiffe vor, die vorbeiziehen, bzw. die Sie vorbeiziehen lassen. Der tiefere Sinn der Übung ist, nicht an den Wölkchen oder Schiffchen haften zu bleiben, sondern sie davonschweben zu lassen.

Diese Grundübung spiritueller Schulung kommt zweifellos im unscheinbaren Gewand daher und sie ist wirklich einfach. Aber wer sie ausübt, weiß, daß sie doch nicht leicht ist. Sie ist eine große Herausforderung an unser westliches Bewußtsein, weil wir so schnell gelangweilt sind, wenn nichts passiert. Ich selbst habe drei Jahre lang diese Übung aufgetragen bekommen und kenne als intellektuell geprägter Mensch wahrlich die Fallen, die sie stellt. Sie ist bestens geeignet, uns von Erwartungen, Leistung, Perfektion und Wunderdenken zu heilen. Sie ist so maßlos einfach, daß sie Wut entfacht, Langeweile heraufbeschwört und uns in Verzweiflung stößt. Kurzum: Sie gestattet auf schlichte Weise den Einblick ins eigene Bewußtsein. Wenn man wissen will, wo man steht und was man von kosmischen Energien und der Lenkung von Energien begriffen hat, führe man diese Übung täglich 10 Minuten durch. Nur die Menschen halten die Übung durch, die vom Lechzen nach spektakulären Leistungen auf dem Gebiet der Esoterik geheilt sind und wieder sehr einfach werden, so einfach wie die Übung.

Nehmen wir einmal an, Sie hätten Spaß an dieser Übung gefunden und erkannt, daß es herrlich ist und befreiend, den Geist mit solch einer einfachen Übung zu schulen, dann werden Sie auch die Erfahrung gemacht haben: Etwas in Ihnen beginnt von alleine zu fließen, etwas zählt in Ihnen. Sie müssen sich gar nicht mehr anstrengen, die Zahlen kommen klar und deutlich wie aus einem großen Strom und fließen in einen solchen wieder hinein. Es entsteht ein starker Kreislauf, den Sie durch regelmäßiges Üben aufgebaut haben. Ihre innere Sammlung ist ganz erfüllt von der jeweiligen Zahl, die Sie absichtslos an die nächste reihen. Dieses Etwas, das eine eigene Kraft besitzt, die man nicht durch Worte beschreiben kann, hat eine Qualität, in der Körperlichkeit, Gefühl und Gedanken einerseits unwichtig geworden sind, andererseits aber auch zu Einem zusammengeschmolzen sind. Mehr und mehr reift die Erfahrung, daß in der Gleichzeitigkeit von totaler Entspannung und Sammlung des Geistes und der totalen Aufmerksamkeit, erzeugt durch das Zählen, eine übergeordnete Ebene entsteht. Diese selbsterfahrene Synthese ist das, was ich die spirituelle Ebene nenne. Noch deutlicher als in der Mentalebene kommt eine Kraftquelle außerhalb unserer selbst hinzu, die uns trägt. Ob wir das „göttliche Kraft" oder „universale Energie" oder „großen Geist" nennen, ist einerlei, denn es trifft nicht genau, weil es jenseits von Worten existiert.

Diesen Zustand erstreben wir beim spirituellen Heilen insofern, als wir nicht mehr unsere Hände oder Imaginationen beim Tier einsetzen. Wir halten uns lediglich bereit, Kanal für eine Energiequalität zu sein, die alleine ihren Weg dorthin findet, wo sie benötigt wird. Diese Heilerübung wird in einer seriösen Schulung niemals an den Anfang gestellt, sondern erst nach ein paar Jahren Erfahrung mit den ebenso wertvollen Heilenergien auf der physischen, emotionalen und mentalen Ebene empfohlen. Es geht in der Tat nicht darum zu werten, sondern den richtigen Zeitpunkt für jeden Menschen mit Heilenergie zu finden, wann er die menschliche Reife für das spirituelle Heilen entwickelt hat. Dazu gehört Lebenserfahrung, nicht nur diszipliniertes Üben.

Die Spiritualität unseres Bewußtseins zeigt sich in den einfachen Dingen des alltäglichen Lebens, ob wir flexibel auf die „Unebenheiten" des Schicksals reagieren, wie gelassen wir die Situationen und Aufgaben annehmen, die sich uns stellen. Während wir in der aktiven Meditation hauptsächlich mit der Solarplexusenergie unsere Umwelt aufnehmen und auf sie reagieren, intensiviert sich bei der passiven Meditation mehr und mehr die Herzenergie, die in eine umfassende Liebe mündet, in ein echtes Mitgefühl für jedes Lebewesen. Das bedeutet natürlich nicht, daß wir mit Mundschutz durch die Gegend staksen aus Angst, wir könnten eine Ameise zertreten oder eine Fruchtfliege verschlucken, und meinen, Vegetarier sein zu müssen, um die Liebe zu allem Lebendigen zu entfalten. Jeglicher Fanatismus, ja jede Vorstellung, etwas müsse so oder so sein, weist auf geistige Enge. Die unbedingte tiefe Liebe, deren wir als Menschen fähig sind, zeigt sich nirgendwo reiner als beim Mitmenschen, der uns nervt, stört, ärgert, beleidigt oder anwidert. Den unsympathischen Tierhalter von Herzen anzunehmen und durch die Fassade aus negativem Denken hindurchzusehen zu den Qualitäten dieses Menschen, erleichtert uns nicht der Vegetarismus, das strenge Meditieren und die Askese. Nur die hundertprozentige Liebe zu den Menschen schlechthin öffnet die Tore des Herzens. Dieses hohe Niveau können wir nicht immer halten, aber es sollte klar sein, daß es auf der spirituellen Ebene keine Vehikel mehr gibt und keine Geländer, an denen wir uns festhalten können.

Ich erlebte bei meiner ersten Forschungsreise nach Indien einen alten unscheinbaren Yogi, dessen Augen so sehr strahlten, daß ich wie gebannt vor ihm stehenblieb und das Gefühl hatte, der puren Freude begegnet zu sein. Er lebte von Fisch- und Fleischabfällen neben einer Metzgerei, die nicht im entferntesten mit einer westlichen Metzgerei verglichen werden kann, denn was sie an Eßbarem anbot, würde bei uns zum Abfall gehören. Sie können sich ausmalen, was dieser Yogi aß.

Er war ein strenger und gütiger Lehrmeister, der sich köstlich über all die Krücken amüsierte, die wir uns als Menschen erschaffen, um nur ja nicht zum Wesentlichen vordringen zu müssen. Reinheit des Körpers kompensieren wir durch Waschen, Reinheit des Geistes durch Rituale, zu denen auch der Vegetarismus gehört und uns zudem vorgaukelt, auf „die Fleischesser" herabsehen zu können, die noch auf einer animalischen Stufe leben. Es ist wesentlich einfacher, einen Raum mit energiefördernden Edelsteinen aufzuladen, vegetarisch zu leben und jeden Tag eine Stunde passiv zu meditieren, als einen ungeliebten Menschen von ganzem Herzen anzunehmen. Dazu muß man ihn nicht umarmen und ihm Liebesworte sagen. Dazu muß man lernen, auf den Grund seiner Seele zu schauen, denn dort hat er seine Schätze verborgen.

Wie bei allen anderen Heilungsarten gibt es auch beim spirituellen Heilen verschiedene Schritte, die mit sehr viel Zeit nacheinander ausgeführt werden sollen. Heilen und Eilen schließen einander aus.

Übung 30

Führen Sie diese spirituelle Heilungssitzung mit einem kranken, anwesenden Tier durch. Sammeln Sie sich für einen Moment, schauen Sie auf die Seeanemone der emotionalen Ebene, lassen Sie die Mentalenergie durch ein Licht Ihrer Farbwahl (am besten Gold oder Silber) durch sich hindurchfließen. Dann denken Sie ein stilles Gebet, in dem Sie in einfachen Worten um Energie bitten, die ihren Weg zum kranken Tier und in diesem zum zentralen Ort des Krankheitsgeschehens finden möge. Halten Sie nun die Hände etwa im Abstand von 20 bis 30 cm vom Körper entfernt über eine Körperstelle, die bequem zu erreichen ist. Verweilen Sie mit Ihrem Bewußtsein an dieser Stelle und senden Sie zunächst ein paar Lichtströme durch das Tier. Wenn Sie das Gefühl bekommen, jetzt fließe die Heilenergie, dann ziehen Sie noch mehr Energie aus einer Quelle über Ihnen an. Wenn der Strom intensiv ist, versuchen Sie im Nichts-Tun zu verweilen. D.h. Sie denken an nichts, Sie leiten keine Energie, sondern sind ein offener Kanal für die universale Schöpferkraft, die Sie in diesem Augenblick als Gefäß gewählt hat.

Machen Sie sich keine Gedanken, wohin die Heilenergie fließt, welche Krankheit oder Blockade vorliegt. Sie sind nur ein absichtslos wirkender Kanal für die vollkommene Synthese aus Ihrem Heilenergiepotential und der großen kreativen Kraftquelle, die alles durchdringt, erschafft und wieder zurücknimmt. Sie sind ein wertvolles Mitglied dieses göttlichen Energiekreislaufs.

Sie müssen auch nicht bewußt entscheiden, wann Sie mit der Heilungssitzung aufhören, es geschieht von allein. Bevor Sie Ihre Hände zurücknehmen, danken Sie dem Tier und dem Schöpfergeist, der dieses wahre Wunder vollendeter Resonanz und Harmonie ermöglicht.

Beim spirituellen Heilen entwickelt sich die Fähigkeit, daß die Hände „automatisch" den richtigen Ort finden, wo sie ruhen sollen. Es kann auch sein, Ihre Hände bewegen sich absichtslos langsam über den Tierkörper. Lassen Sie Ihre Hände ruhig agieren, sie werden dabei von einem höheren Bewußtseinszustand aus geleitet.

Die Fernheilung

Diese hohe Kunst der Heilung gehört in das Gefolge des spirituellen Heilens, weil sie sich noch mehr von sichtbaren oder vorstellbaren „Geländern" löst. Die Fernheilung wird heute auf drei wesentliche Arten durchgeführt:

- 1. Durch einen Heilerzirkel, der sich ausschließlich zum Zwecke der Fernheilung trifft.
- 2. Durch eine lose Vereinigung von Menschen, die von verschiedenen Orten aus zu einer vorgegebenen Zeit Heilenergie zu demselben Lebewesen aussenden.
- 3. Durch ein Radionikgerät, das mittels einer Substanz von Mensch oder Tier den energetischen Kontakt zu ihrem Biofeld herstellt und bestimmte Heilungsimpulse an dieses aussendet. Diese Impulse sind durch Zahlen oder Symbole codiert.

Fernheilung im Zirkel

Beginnen wir mit der ältesten Form der Fernheilung, dem speziellen Zirkel, der aus erfahrenen Geistheilern besteht. Der berühmteste ist immer noch ansässig in der Spiritualists Association,

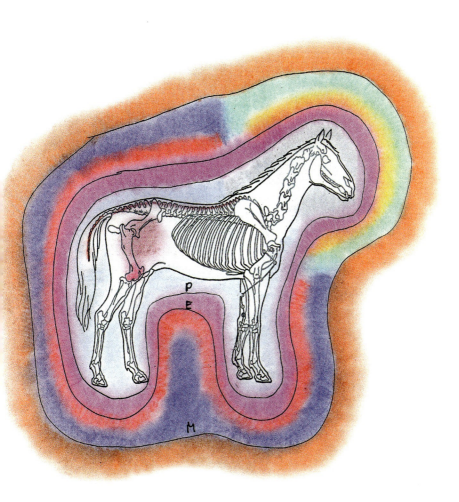

Auragraph eines Pferdes, das wegen schlechter sportlicher Leistungen geschlachtet werden sollte. Auf der Körperebene: Traumata in Schweifrübe, Flanken und Kniebereich durch zu strengen Reiter; Grau: Lebensunlust, Resignation. Emotionale Aura: Lila = Leidensfähigkeit, Trauer. Mentale Aura: helle Farben am Kopf = große Intelligenz, Kreativität und Lernbereitschaft, Blau-Rot = Widerstreit zwischen Eigenenergie und Dominanz der Reiterenergie. Orange außen: Grundsätzliche Beziehungsbereitschaft zum Menschen; braucht Heilenergie durch gute Gedanken.

Der Goldstirnblattvogel „Goethe" neben dem nierenkranken Gelbhauben-
kakadu „Fritz". Der Blattvogel zeigt mir an, wann ein kranker Vogel stirbt
(sitzt ständig neben ihm) und wann er noch therapiert werden kann
(besucht ihn gelegentlich).

Der junge Blauflügelblattvogel setzt sich mutig neben den Kakadu, nachdem er dies bei dem Goldstirnblattvogel gelernt hat.

Belgrave Square, in London, in dem alle bedeutenden Heiler saßen. An festgelegten Abenden treffen sich dort um 22.00 Uhr die Heiler und breiten in ihrem Kreis die Fotos oder Briefe von Hilfesuchenden aus aller Welt, in allen Sprachen aus. Sie bauen ein gewaltiges Energiefeld auf und senden diese Energie gleich Laserstrahlen an die Bedürftigen. Ich bin selbst Zeugin mehrerer Heilungen von schwersten Krankheiten geworden. Wir haben Namen, Adresse und genaue Diagnose von Patienten an diesen Heilerzirkel gesendet, teils, weil die Patienten selbst darum baten, teils, weil die Angehörigen diesen letzten Weg wählten, um das Leiden des Patienten zu lindern.

Was mich jedoch tief beeindruckte, war das Beispiel eines krebskranken Mannes, den ich vor seiner Krankheit als Ausbund negativen Denkens kennengelernt hatte, und der die Geistheilung als „totalen Firlefanz" abtat. Seine junge Frau entschied, in London um Hilfe anzufragen. Es wurde ihr eine Zeit mitgeteilt, zu der ihr Mann mit in die Fernheilungssitzung aufgenommen würde. Die Diagnose der Ärzte im Krankenhaus lautete „Rückenmarkskrebs". Der Patient war gelähmt, es bestand die Gefahr, daß die Wirbelsäule bei der nächsten „ungeschickten" Bewegung zerbrechen würde. Die Blutwerte waren schlecht und wir rechneten jeden Tag mit dem Ableben des Mannes.

Er wurde zwei Wochen fernbehandelt; jeden Tag besserte sich sein Zustand ein wenig. Dann stand er eines Morgens auf und bat um die Entlassung aus dem Krankenhaus. Die Ärzte standen, wie immer in solchen Fällen, vor einem Rätsel. Sie machten erneut Röntgenaufnahmen und trauten ihren Augen nicht, da alle degenerierten Erscheinungen verschwunden waren. Auch die Blutwerte waren normal. Die Schulmedizin öffnete die bekannte Schublade „Fehldiagnose" und legte den Fall ad acta.

Der Patient kam zu Kräften, schonte sich zwar, aber kehrte zu einem normalen Leben nach einem Jahr endloser Untersuchungen und Krankenhausaufenthalte zurück. Er wunderte sich über seine Genesung und ahnte, daß hier etwas Unerklärliches im Spiel war. Seine Frau erzählte ihm von der Bitte um Fernheilung, und wir versuchten ihm klarzumachen, daß diese Heilung ihm dazu diene, sein Leben in Ordnung zu bringen, in dem er soviel Unheil über sich und andere gebracht hatte. Er lebte noch fast 2 Jahre, kehrte aber schon nach 10 Monaten zu seinen alten Verhaltensmustern, schließlich ins Krankenhaus zurück mit den gleichen Symptomen wie vorher. Die Ärzte standen erneut vor einem Rätsel, sich erinnernd, daß es da einen Fall von Fehldiagnose gegeben habe und stellten fest, es war derselbe Patient. Neue Röntgenbilder und Blutuntersuchungen knüpften dort an, wo man vor 2 Jahren alle Symptome von Rückenmarkskrebs diagnostiziert hatte. Die Tatsache, daß der Patient 2 Jahre völlig beschwerdefrei war und keine einzige Auffälligkeit in den Untersuchungen ergab, legte man wieder achselzuckend in eine Schublade ab mit der Aufschrift „Unerklärlich". Schade. Vor den Augen von fünf Fachärzten und Krebsspezialisten spielte sich nachprüfbar die Wirkung von Fernheilung ab. Aber es ist bequemer, den Makel der vermeintlichen Fehldiagnose hinzunehmen als hinzuschauen, was Bewußtsein vermag: Krankheit erzeugen und Krankheit auflösen, beides eng beieinander.

Ich erzähle dieses eindrucksvolle Beispiel, weil es zeigt, daß der fernbehandelte Patient gar nicht an Geistheilung glauben oder davon wissen muß. Beim spirituellen Heilen findet die Heilenergie ihren Weg dorthin, wo sie gebraucht wird. Räumliche Entfernungen spielen ebenso wenig eine Rolle wie der persönliche Kontakt.

Ich habe nicht nur viele Erfolge von Fernheilungen überprüft, sondern auch die verschiedenen Arbeitsweisen der Zirkelmitglieder kennengelernt. Die oben erwähnte Möglichkeit ist, daß alle Anfragen der Patienten in der Mitte liegen und die Zirkelenergie diese Bilder und Briefe eine Stunde lang durchdringt. Eine andere Möglichkeit ist die, daß jeder Patient eine Viertelstunde intensive Fernheilung bekommt. Zu dem Zweck nimmt der Geistheiler das Foto oder den Brief in die Hand und konzentriert sich auf diesen einen Patienten.

In einem durchschnittlichen Heilerzirkel, der nicht wie in London international wirkt, sondern privat abgehalten wird, werden die Bitten um Fernheilung z.B. auch so gehandhabt, daß immer nur ein Patient von allen Zirkelmitgliedern für eine bestimmte Zeit fernbehandelt wird. Im Grunde gibt es dafür keine Regel. Jeder Heilerzirkel, der Fernheilung ausübt, findet entsprechend der Menge der Anfragen eine Lösung, diesen auch gerecht zu werden. Es ist wichtig, ein Feedback nach den Heilungssitzungen zu erbitten, wenn jemand offiziell um Fernheilung gebeten hat. Menschen oder Tiere, von deren Krankheit wir wissen, betreuen wir z.B. stets am Ende unseres Zirkels.

Fernheilung allein

Wir sind in Deutschland noch weit davon entfernt, in jeder Stadt einen offiziellen Fernheilungszirkel zu haben, in dem sich erfahrene Geistheiler treffen, so wie das in Großbritannien gang und gäbe ist. Deshalb möchte ich die zweite Möglichkeit nicht außer acht lassen, auch allein Fernheilung zu senden. Was ist dazu nötig? Zunächst einmal sollten Sie Erfahrungen im Geistheilen für Tiere gesammelt haben und regelmäßig die Übungen ausführen, die man alleine machen kann.

Übung 31
Wählen Sie eine Zeit, zu der Sie erfahrungsgemäß viel Energie zur Verfügung haben. Prüfen Sie Ihren Solarplexus und Ihre „Lichtdusche". Sprechen Sie ein kurzes Gebet, in dem Sie um die volle Entfaltung Ihrer Heilenergie bitten. Nehmen Sie die schriftliche Anfrage, die Haare oder das Foto des Tieres entweder in die Hand oder legen Sie alles vor sich auf einen Tisch oder auf den Boden. Visualisieren Sie die Tierart oder, wenn Ihnen das Bild vorliegt, das bestimmte Tier. Begrüßen Sie es. Dann ziehen Sie sich ganz in sich zurück, lassen alle Bilder und Gedanken los und lassen Ihre Heilenergie fließen. Beschränken Sie Ihre Fernheilung auf maximal 15 Minuten, damit Ihr Biosystem durch die Konzentration nicht unter Streß kommt. Senden Sie lieber mehrmals pro Tag 10 Minuten Energie als einmal am Tag 60 Minuten lang. Dies

würde Sie zu sehr erschöpfen und die Intensität und Qualität der Fernheilung mindern.

Sie sollten im Vorfeld abklären, wieviele Fernheilungssitzungen für einen Tierpatienten in Frage kommen. Sie können sich zum Beispiel fünf oder zehn Sitzungen vornehmen und sich auf diesen Patienten konzentrieren. Erst danach nehmen Sie den nächsten an.

Übung 32

Eine Variante der Übung besteht darin, daß Sie alle Anfragen kontinuierlich in Ihr Fernheilungsprogramm aufnehmen, sie vor sich ausbreiten, jene Patienten herausnehmen, die entweder geheilt wurden oder aus irgendwelchen Gründen nicht mehr fernbehandelt werden, und jeden Abend zur selben Zeit für eine halbe Stunde gebündelte Energie senden. Dabei können Sie sich durchaus auch den verschiedenen Patienten hin und wieder intensiver zuwenden, indem Sie das Foto in die Hand nehmen.

Fernheilung durch das Radionikgerät

Kommen wir zur dritten, den modernen technischen Zeiten angepaßten Art der Fernheilung, zur Radionik. Seit etwa 80 Jahren befassen sich Wissenschaftler in aller Welt mit dem Phänomen der Energieübertragung, das im Westen eben nur als „Phänomen" bekannt wurde, in Asien aber zur Selbstverständlichkeit einer Bewußtseinserweiterung gehörte. Wie im folgenden Kapitel weiter ausgeführt wird, waren die alten Tibeter und Inder die ersten, die die Übertragung von Energie und die verschiedenen Arten von Energie dort studierten, wo es am leichtesten ist: beim Sterben. Das klingt seltsam, ist es aber nicht, weil im Sterbeprozeß alle Lebensfunktionen verlangsamt werden und sich die Energiebausteine einzeln auflösen. Für den spirituell Geschulten ist es kein Problem, die „Bausteine der Natur" zu erkennen und mit ihnen insofern in Resonanz zu treten, als er dem Sterbenden Energie überträgt. Dieser ist wiederum wie nie zuvor in seinem Leben fähig, die feinstofflichen Energien wie zum Beispiel die Äther- und Mentalenergie aufzunehmen, weil sich sein Körper in die einzelnen Elemente auflöst und im Sterben eine andere, nicht-physische Dimension betritt. Diese wichtigen, jahrhundertealten Erfahrungen und Weisheiten wurden durch Übersetzungen allmählich im Westen bekannt. Die Kolonialmacht der Briten brachte große Leistungen auf dem Gebiet der Yogaforschung und -übersetzung hervor. Neben all den negativen Folgen für die besetzten Kulturen nahmen die Briten auch vieles von dem andersartigen Denken und von den Yogawissenschaften auf, das sie dann in eine westliche Sprache transformierten. Ohne den indischen Einfluß hätten die Briten nicht ihre beispielhafte Sensitivitätsschulung entwickeln können. Sie stellten angesichts der energetischen Phänomene, die der indische Alltag pausenlos produziert, die einzig richtige Frage: Wie machen die Inder das, wie gelangen sie zu diesen Fähigkeiten? Da sie im Lande lebten, konnten sie die Schulungswege beobachten und nachvollziehen. Viele britische Generäle, Biologen, Ärzte und Philosophen durchliefen dort eine erstklassige spirituelle Schulung und wußten daher, wovon sie sprachen, als sie zu Beginn unseres Jahrhunderts die alten Lehrwerke übersetzten.

Auch wenn nirgendwo in der Literatur ein einzelner Hinweis auftaucht, so waren es doch die ersten Übersetzungen der sogenannten „Tibetischen Totenbücher", die deutlicher als alle zuvor übersetzten Lehrwerke von der Übertragung und Sendung von Energie sprachen, wenngleich auch eingehüllt in die stark ritualisierte Sprache des tibetischen Buddhismus. Aber gerade die Briten lieferten die ersten Übersetzungen und begannen recht unkonventionell darüber nachzudenken, wie man sich dieses Wissen nutzbar machen und in die Praxis umsetzen könnte. Ich betrachte es als normale Entwicklung, daß mit der zunehmenden Technisierung und dem elektrischen Strom auch die Idee heranreifte, assistierende Instrumente zu kreieren.

Dieser Exkurs erklärt, warum die ersten Radioniker Wert auf Ferndiagnose und Fernheilung legten und fasziniert von den neuen Dimensionen waren, die sich dem westlichen Bewußtsein auftaten. Im Namen Radionik sind die Begriffe „Radio" und „Elektronik" enthalten: Auch hier geht es um die Übertragung und den Empfang von Schwingungen, um elektromagnetische Schwingungen im speziellen.

Auf S. 155 sehen Sie ein modernes Radionikgerät. Ich erkläre Ihnen hier die Funktionen, die für das Verständnis der Fernheilung oder des „Broadcasting", wie es im Englischen heißt, wichtig sind. Doch auch ein Apparat, mit dem elektromagnetische Schwingungen getestet und gesendet werden können, funktioniert nur so gut, wie der Bediener seine Energien der unterschiedlichen Auraebenen beherrscht. Es ist also irrig zu glauben, ein Instrument könne das menschliche Bewußtsein ersetzen. Die ersten und bedeutenden Radioniker waren eben auch Engländer, die über eine geschulte Sensitivität verfügten, in Zirkeln gesessen haben und somit auch die „Mechanismen" der Geistheilung und der Fernheilung im besonderen kannten.

Ob man nun mit einem Biotensor oder mit einem Radionikgerät arbeitet: Man steht als Mensch in Resonanz mit dem zu untersuchenden Biofeld eines Lebewesens, und davon nimmt man nur so viel wahr, wie es das eigene Bewußtsein zuläßt, nicht mehr, nicht weniger. Das Radionikgerät verfügt also keineswegs über Fähigkeiten, die der Mensch nicht (mehr) hat.

Es kann nur deshalb so hochsensibel funktionieren, weil ein sensitiver Mensch es bedient und mit verschiedenen Energieebenen vertraut ist. Das Gerät stellt dann eine Art Feedbackpartner dar, mit dem Schwingungen angezeigt und positive Informationen gesendet werden können.

Die zwei Becher rechts und links dienen der Aufnahme von Substanzen. Die Tierproben wie Haare, Federn oder Blut stecke ich in eine kleine Papiertüte, die in den rechten Becher gelegt wird. Die Informationen der Probe können nun in einem Resonanzverfahren ermittelt werden, das ebenso genial wie einfach ist. Jedes Organ und jede Körperfunktion hat eine Frequenz oder Eigenschwingung, denn alle Materie ist Energie. Diese Schwingungen codierte man als sogenannte Leitzahlen (rates). D.h. es gibt jeweils eine individuelle Zahlenreihe für einzelne Organe, psychische Verhaltensweisen, Heilmittel und Krankheiten. Durch einen Indikator wie z.B. ein einfaches Fadenpendel oder einen Biotensor, der über ein spezielles Testfeld gehalten wird, lassen sich Resonanzen ermitteln. Dies bedeutet, immer wenn eine Information des Biofeldes mit einer Leitzahl mitschwingt (resoniert), bewegt sich das Pendel oder der Tensor.

Der Bediener des Instruments muß entscheiden, wie er diese Indikatoranzeige deutet: Will er die Resonanz als Streß deuten oder als „Ja, das ist es". Sie können das mit Ihren psychometrischen Übungen vergleichen, bei denen Sie den ersten Eindruck sogleich daraufhin befragen: „Was bedeutet das für mich?" und gleich danach „Was bedeutet dies mit Hinblick auf das kranke Tier?" Bei der Radionik wird allerdings weniger mit Bildern als mit Zahlen und Pendelbewegungen gearbeitet. Das Prinzip ist jedoch das gleiche. Über dieses Testverfahren kann man sehr genau Körperstellen, Krankheitserreger und Heilmittel austesten. In der Hand desjenigen, der über therapeutisches Wissen verfügt und also weiß, wo er hier ansetzen muß, ist dies eine große Hilfe.

Der interessanteste Aspekt der Radionik liegt jedoch in den Möglichkeiten der Fernheilung. Hat man festgestellt, welches Heilmittel optimal für das Tier ist, so kann man diese Information als Zahlenreihe mit den Drehreglern einstellen und das Gerät auf Fernheilung einstellen. Zu Beginn der sogenannten „ganzheitlichen Systemdiagnose" (System = Biosystem) wird die Überenergie oder Unterenergie, die das Biosystem aus dem Lot gebracht hat, gemessen. Somit kann man während der Fernheilung an diesem Regler nachmessen, wieviel von der gesendeten Heilinformation von dem Biofeld des Tieres angenommen wurde.

Wie funktioniert dies aber? Erklären läßt sich das durch die Wirkungsweise der energetischen „Felder", die unabhängig von räumlicher Entfernung lebendig bleiben. D.h. die positiven Veränderungen, die ich z.B. anhand der Haarprobe einleite, werden von dem elektromagnetischen Feld, also der physischen und emotionalen Aura des lebenden Tieres irgendwo auf der Welt empfangen und als Informationsimpulse an den materiellen Körper weitergeleitet. Die

Probe macht als Stellvertreter des gesamten Biosystems alle Entwicklungen mit und ist also wie mit einem ätherischen Gummiband mit dem Organismus des zugehörigen Lebewesens verbunden.

Wenn man so will, ersetzt ein Radionikgerät, bedient durch einen sensitiv Geschulten, einen Heilerzirkel, weil er selbst Fernheilung in der traditionellen Weise und mit seinem Radionikgerät durchführen kann. Es ersetzt aber natürlich nicht den Heilbegabten. Da Fernheilung, gleich welcher Art, stets nach demselben Prinzip geschieht, ist es müßig, sich über die Heilungserfolge mit einem Radionikgerät zu wundern. Nicht das Gerät heilt, sondern das Bewußtsein, das diesen apparativen Assistenten leitet und den ersten Heilungsimpuls aussendet.

Die Geistheilung als Sterbebegleitung

Ein Lebewesen auf seinem Weg in die körperlose Existenz zu begleiten, halte ich für die vornehmste Aufgabe eines Menschen. Hierbei Geistheilung einzusetzen, scheint mir das Natürlichste auf der Welt, denn am Ende des Erdendaseins löst sich die Materie auf und baut sich die Energie, also das andere Gesicht der Materie, auf.

In der westlichen Medizin bleibt das Sterben ein Tabuthema und ist sozusagen nicht vorgesehen. Bedeutet schon Krankheit das Versagen der „Maschine" Körper, so steht das Sterben auf dem letzten Platz der Werteskala. Die Humanmedizin ist darum bemüht, den Sterbeprozeß so weit wie irgend möglich zu verkürzen und ihn nicht in allen Phasen anzuschauen. Der Sterbende ist verstrickt in eine Apparatemedizin, die wirtschaftlichen und medizinischen Bedürfnissen unterworfen ist, inwieweit beispielsweise Organe transplantiert werden können. Sterben wird daher terminierbar: der Zeitpunkt der Organentnahme markiert gleichzeitig den Zeitpunkt, wann jemand für tot erklärt wird. Die Sterbebegleitung wird wegen Zeitmangel aus dem Krankenhausbetrieb gestrichen. Hospizbewegungen versuchen jedoch immer wieder die Würde des Sterbens ins Bewußtsein zu bringen und hier eine Umkehr des Denkens zu bewirken.

In der Veterinärmedizin sieht es noch düsterer aus, denn eine Sterbebegleitung für ein geliebtes Haustier mag noch gelegentlich angehen, aber wann wurde die letzte Kuh, das letzte Schwein, der letzte Truthahn in seinem Sterben begleitet? Die sogenannten „Nutztiere" erleben nur beim Klein- und Biobauern in Ausnahmefällen ihr normales Alter, folglich erübrigt sich in allen anderen Fällen der Gedanke an eine liebevolle Sterbebegleitung.

Was immer ich auf dem Sektor des Umgangs mit dem Sterben bei

Mensch und Tier erlebt habe, erscheint mir als Armutszeugnis westlichen Geistes, gemessen an anderen, unzweifelhaft großen Errungenschaften in Kultur und Medizin. Aber es gibt vereinzelt Menschen, die sich die Mühe machen, auch Tiere im Sterben zu begleiten. Auf die Sterbephasen beim Tier gehe ich ausführlich in meinem Buch „Farb- und Musiktherapie für Tiere" ein, an dieser Stelle muß ich mich auf den sinnvollen Einsatz der Geistheilung beschränken. Wiesendanger gibt in „Das große Buch vom geistigen Heilen" eine sehr schöne Beschreibung des Wertes von Geistheilung als Sterbebegleitung, der ich mich nur anschließen kann:

„...Und noch etwas ignoriert wissenschaftliche Forschung geradezu zwangsläufig: den Unterschied zwischen „kurieren" und „heilen", zwischen „gesund" werden und „heil" werden. Denn das ist ein Wertunterschied, an dem wertfreie Wissenschaft vorbeiforschen muß. Ein Geistheiler mag daran scheitern, eine Krankheit wie Krebs oder Aids zu beseitigen, zu lindern oder auch nur aufzuhalten – trotzdem kann sein Eingreifen dazu führen, daß ein Kranker in einem umfassenderen Sinn heil wird. Sein Patient kann lernen, sein Leiden anzunehmen, statt sich voller Panik gegen die fremde Bedrohung aufzubäumen. Er kann lernen, nicht bloß nach der Ursache, sondern auch nach der Bedeutung zu fragen. Er kann lernen, in Symptomen auch Zeichen zu sehen. Er kann lernen, sein Schicksal als Weg zu begreifen, statt nur als Unfall auf dem Weg. Und darin kann er schließlich inneren Frieden finden, sich freimachen von Angst und Kampf, von Verzweiflung und Verbitterung. Dank der liebevollen Anteilnahme eines Heilers eine solche Veränderung durchzumachen, scheint wissenschaftlich unermeßlich. Und doch bedeutet es für manchen Sterbenskranken womöglich die wichtigste Art von „Heilung". Die einzige, die ihm noch bleibt. Die einzige, die für ihn letztlich zählt. Er stirbt vielleicht, allen Bemühungen seines Heilers zum Trotz – aber er tut es mit einem entspannten Lächeln auf den Lippen."

Auch ein wenig Wehmut schwingt hier mit, denn ein Geistheiler möchte selbstverständlich lindern und heilen und muß doch oft zuschauen, wie ein Mensch erst am Ende seines Lebens gezwungen ist, den Tod ins Leben zu integrieren.

Der natürlichste Begleiter ist derjenige, der etwas von Lebensenergetik, von den verschiedenen Energiekörpern eines Lebewesens und von den Dingen versteht, die in diesem Buch besprochen wurden. Die äußeren Geschehnisse des Sterbens sind es, an denen die meisten Menschen haften. Im Sterben des anderen sehen sie das eigene, und davor haben sie panische Angst. Leider übertragen wir diese Haltung auch auf unsere Heimtiere. Als Lösung sehen die meisten die Todesspritze, geschönt auch „Euthanasie" (griechisch: sanfter Tod) genannt. Ich betrachte es nicht als Privileg, daß Veterinärmediziner euthanasieren dürfen, sondern als Erleichterung, daß andere Tiertherapeuten es nicht dürfen.

Wenn Sie als Geistheiler gebeten werden, ein todkrankes Tier zu „behandeln", so dürfen Sie sicher sein, daß das Tier völlig problemlos zu sterben versteht. Das Problem liegt beim Tierhalter, der sein Tier nicht loslassen will und nicht mit ansehen kann, wie sein Tier leidet. Er oder sie möchte nicht hinschauen, weil wir gelernt haben, uns nicht mit dem Sterben auseinanderzusetzen. Als Geistheiler haben Sie die große Chance, den verzweifelten Menschen in die Heilungssitzung einzubeziehen. Selbst wenn Sie die Hände über das Tier halten, visualisieren Sie den Halter und lassen ihn von Heilenergie durchfluten.

Auch wenn uns das Verhalten des Tierbesitzers häufig hysterisch, überzogen oder einfach unerträglich vorkommt, so ist es doch im Grunde ein einziger Hilferuf, den wir mit dem Herzen und nicht mit den Ohren hören sollten. Sie werden erleben, daß dieser Mensch durch die Heilungssitzung besser weinen kann, was vor allem bei Männern erlösend ist. Tränen reinigen. Manche Menschen mögen keinen Trost, denn sie wollen Stärke demonstrieren. Wie auch immer das Verhalten in einer solchen Grenzsituation ist, seien Sie nachsichtig und konzentrieren Sie sich auf Ihre Heilkräfte. Vielleicht wird Sie der Tierhalter fragen, ob es nicht besser sei, das Tier durch eine Spritze von seinem Leiden zu erlösen. Sie müssen aufgrund des Eindrucks, den Sie vom Tierhalter haben, entscheiden, ob er oder sie bereit ist, andere Gedanken zuzulassen. Wenn ja, können Sie ihn darüber aufklären, daß die Natur bei jedem Lebewesen die Kunst des Lebens und des Sterbens optimal entwickelt hat. Wenn wir durch das äußere Bild des sterbenden Tieres hindurchschauen, können wir wahrnehmen, daß es seinen Leib abschüttelt und daß sein Gehirn Botenstoffe freisetzt, die es schmerzunempfindlich machen.

Nehmen Sie den Tierhalter geistig an die Hand und erklären Sie ihm, wie er seinem Tier selbst Heilungsenergie zukommen lassen kann. Lassen Sie ihn an der Heilungssitzung aktiv teilnehmen. Für die meisten Menschen ist das Schlimmste, daneben stehen zu müssen und nichts tun zu können.

Ihre Heilkraft kann bei einem sterbenden oder schwerkranken Tier noch gesteigert werden, wenn Sie die Heilungssitzung in dunkelblauem oder violettem Licht abhalten, weil es entspannt und etwaige Schmerzen oder Krämpfe stark dimmt. Gleichzeitig dienen diese Heilfarben dem Tier, sich leichter vom Körper (der Physis) zu lösen.

Übung 33

Diese Übung zur Sterbebegleitung ist für jene Geistheiler gedacht, die sich im Meridiansystem der Tiere auskennen. Leider würde es den Rahmen dieses Buches sprengen, wollte ich nur für diese Übung alle Meridiane abhandeln. Wer sie kennt, kann sie mental aufladen.

Das Tier kann anwesend sein, muß es aber nicht. Visualisieren Sie Ihren Solarplexus und lassen Sie die mentale „Lichtdusche" ein paarmal durch sich hindurchfließen.

Leiten Sie Ihre Heilenergie durch das Tier und auch durch den Halter. Nun beginnen Sie mit dem Balancieren der Meridianenergie, indem Sie einen goldenen Lichtstrahl stets beim Ausatmen in folgender Reihenfolge durch den Meridian senden:

Lunge – yin – aufwärts
Dickdarm – yang – abwärts
Magen – yang – abwärts

Milz-Pankreas – yin – aufwärts
Herz – yin – aufwärts
Dünndarm – yang – abwärts
Blase – yang – abwärts
Niere – yin – aufwärts
Kreislauf-Sexus – yin – aufwärts
Dreifacher Erwärmer – yang – abwärts
Gallenblase – yang – abwärts
Leber – yin – aufwärts

Sie brauchen keine Bedenken zu haben, daß durch diese Übung der Sterbeprozeß verlangsamt oder behindert würde. Das Gegenteil ist der Fall. Das Sterben hat insofern eine eigene Energetik, als von den Füßen zum Kopf allmählich die Lebensenergie aus dem Körper tritt. Sterben ist wie eine Geburt mit umgekehrten Vorzeichen. Bei der Geburt in dieses Leben hinein folgt dem Kopf der Rumpf. Kaum ist der Mensch geboren, setzt als erstes die lebenswichtige Lungen-energie ein, während alle anderen Körperfunktionen schon im Mutterleib einen Grad der Selbständigkeit erreichen. Bei der Geburt in eine körperlose Existenz, dem Sterben, ist die Lunge im Verbund mit den Gehirntätigkeit im Kopf die letzte Instanz, die ein Lebewesen verläßt. Das bedeutet, der Lungenmeridian ist der letz-te, der seine Energie aufgibt. Das Balancieren der Meridiane hat bereits beim lebenden Tier eine fördernde Wirkung auf den freien Fluß der Energien. Im Sterbeprozeß ist dies noch viel wichtiger, weil die Meridiane nacheinander leichter „abschalten" und das Tier schmerzfrei stirbt. Wenn man sich mit dieser Thematik eingehend befaßt, kann „Euthanasie" nur bedeuten, natürliche Vorgänge sanft zu unterstützen und nicht sie abzuschneiden. Die Todesspritze, die dem Tierarzt aus emotionalen Gründen abverlangt wird, schneidet in den meisten Fällen einen natürlichen Prozeß viel zu früh ab.

Die Spezialisierung in der Geistheilung

Die Aura des Heilers

Über das Phänomen der Geistheilung ist schon manches geschrieben worden. Aber dadurch, daß man an den äußeren Dingen haften blieb, kam es gar nicht erst so weit zu fragen: Was unterscheidet die eine Heilenergie von einer anderen? Wen kann ein Geistheiler vorzugsweise „behandeln"? Bei welchen Krankheitsbildern hat er Erfolg, bei welchen nicht?

Dieses Thema ist sehr interessant, weil es uns wieder an den Anfang zurückführt, nämlich zur Aura. Allerdings geht es jetzt nur um die Aura des Heilers. Obgleich nicht festzulegen ist, welche Aurafarbe eindeutig die Heilenergie anzeigt, kann man doch aufgrund der 150jährigen Erfahrung in England sagen, daß es im wesentlichen um folgende drei Faktoren geht, die eine Heilerbegabung ausweisen:

- 1. Das Vorhandensein der Farben Orange, Grün und Pink;
- 2. Die Position der Heilenergiefarben in der physischen, emotionalen, mentalen oder spirituellen Aura;
- 3. Die Größe der Ausdehnung in der oder den Auraebenen.

Ray Williamson erklärt, daß noch viele andere Faktoren hinzukommen und man niemals eine Prognose stellen kann wie z.B.: „Weil in der mentalen Aura viel Orange ist, wird dieser Mensch ein guter mentaler Geistheiler." Wie er sagt, kann jede Farbe in der Aura eine Heilenergiefarbe sein. Die Aura spiegelt Bewußtseinszustände, emotionale und physische Zustände wider, daher kommt es auf das Zusammenspiel der Kräfte an. Es gibt Erfahrungswerte, wie jemand seine Anlagen entwickelt hat und aus diesen Erfolgen kann man wiederum Rückschlüsse auf die dominanten Aurafarben ziehen. Schauen wir uns die Heilenergiefarben genauer an:

- Orange in der Aura weist auf eine starke Heilenergie und große Sensitivität, die nach Schulung verlangt. Wird dieses Potential nicht genutzt, können bei einem Menschen große Krisen, Blockaden und Streßfelder im Leben entstehen, da diese Energie expansiv und expressiv ist. Orange weist auch auf Mut, Vitalität, Optimismus und Selbstvertrauen hin. Heiler mit einer Dominanz von Orange in der Aura arbeiten oft mit den Händen und mental.
- Grün ist eine weitere Heilenergiefarbe, die auf Wachstum, auf die Liebe zur Natur und auf kreative, künstlerische Kraft hinweist. Jemand mit viel Grün in der Aura kann sowohl ein Musiker wie auch ein Heiler sein. Der Mensch entscheidet selbst, wie er seine Heilenergie lebt, da er über eine große Kreativität verfügt. Ein Heiler mit einer Dominanz von Grün ist häufig in einer medizinischen Richtung zu Hause, ist z.B. Arzt oder Heilpraktiker, heilt mit Pflanzen oder Homöopathie, mit Musik und Farben.
- Sehr häufig sind bei kreativen, heilerisch begabten Menschen Orange und Grün in der Aura vertreten. Die Gewichtung der einen oder anderen Farbe aufgrund einer Schulung entscheidet später, ob jemand mehr mental oder intuitiv-kreativ heilt.
- Pink oder Rosa ist die Farbe des Mitgefühls. Sie ist bei allen Therapeuten, Ärzten und Heilern in der Aura, die aus Berufung im Dienst der Menschheit oder des Tierreichs arbeiten. Sie weist auf eine große emotionale Fähigkeit hin, deshalb arbeitet ein Heiler mit dieser Qualität meistens auf der Solarplexusebene und neigt dazu, sich ganz für andere aufzuopfern.
Pink allein weist noch nicht auf eine Heilerbegabung, in jedem Fall aber auf eine Betreuerbegabung. Bei Pflegern und Krankenschwestern dominiert Pink in der Aura.
Kommt zu Pink Orange oder/und Grün hinzu, so weist dies auf einen Geistheiler, der nicht nur seine sanften Hände einsetzt, sondern auch das Wort, um andere zu trösten und mit den Einsamen zu sprechen. Interessant ist, daß Pink als Farbe der Hingabe bei

Frauen wesentlich häufiger auftaucht als bei Männern. Die Heiler-begabung äußert sich dafür bei Männern wesentlich häufiger durch Orange als bei Frauen.

Bei hellsichtigen Menschen, die die menschliche Aura farbig sehen können, unterscheiden wir zwischen einer angeborenen Heilener-gie und einer, die sich durch eine sensitive und spirituelle Schulung ergibt. Ein spiritueller Meister ist immer auch ein Heiler, aber nicht jeder Heiler ist ein spiritueller Meister. Die Heilenergie ist aus dieser Perspektive etwas Natürliches. Im Zuge der Bewußtseinser-weiterung durch eine Schulung kann sich ein vormals kleines Heilenergiepotential plötzlich ausdehnen. Hierbei ändern sich auch die Positionen der Aurafarben bzw. die Farben Orange, Grün und Pink. Je nachdem, wo sich die Heilfarbe verstärkt entwickelt – um den Hals herum, im Brustbereich, in der Leibesmitte oder in der physischen, emotionalen oder mentalen Aura – verfeinert sich auch die Heilenergie in ihrer Wirkung und Ausrichtung. So gibt es Heiler, die besonders gut mit Geschwülsten und Tumoren um-gehen können. Sie besitzen starke Kräfte in der physischen und mentalen Aura. Dann gibt es solche, die ihre physische Energie so zu bündeln vermögen, daß sie Knochen geradebiegen kön-nen. Wieder andere Heiler entwickeln die Fähigkeit, ihre Ener-gie in die Zellen zu lenken und dort Viren, Pilzsporen und Bak-terien zu dematerialisieren. Es kann sogar soweit gehen, daß ein Geistheiler für bestimmte Krankheiten eine Begabung hat. So kenne ich einen englischen Heiler, der auf Lungenprobleme spe-zialisiert ist.

Je nachdem, ob die Heilenergie im Kopfbereich oder in der Leibes-mitte dominiert, entwickelt ein Geistheiler auch eine besondere Resonanzfähigkeit mit einer Spezies. Es gibt Heiler, die hervorra-gend Wildtiere behandeln, Beryl Chapman in England ist bekannt für ihre Heilungen bei Schwänen. Es kann sein, Sie kommen am besten mit Fischen in Resonanz, mit Reptilien, Vögeln oder Pfer-den.

Psychometrische Arbeit = sensitive Erfassung des Biofeldes über einem Foto

Radionikgerät

Pferde nehmen Abschied von einem verstorbenen Kameraden.

Die Symbolpsychologie der Tiere

In einem fortgeschrittenen Stadium der Geistheilung spielt es immer weniger eine Rolle, wen wir behandeln, denn wir können zum gegebenen Zeitpunkt die Energien bewußt frei fließen lassen. Doch gerade für den Anfänger ist es von großem Nutzen, zu wissen, warum z.b. eine Affinität zum Hund besteht, aber keine zum Vogel, oder warum die Heilenergie leichter bei einem Pferd ins Fließen kommt als bei einer Katze. Um dies zu ergründen, müssen wir uns ein wenig mit der Symbolpsychologie der Tiere beschäftigen, ich entnehme diese Passagen meinem Buch „Tierkinesiologie":

„Aus dem schier unerschöpflichen Fundus mythologischer Quellen habe ich zwei herausgegriffen, die besonders anschaulich sind: Die indogermanische und chinesische Tiersymbolik. Die indogermanische Quelle ist insofern von Bedeutung, weil sie unsere abendländischen Wurzeln bewußt macht. Es ist sicher bekannt, daß in der indischen Kultur schöpferische Prinzipien grundsätzlich in der Dreiheit Frau-Mann-Tier dargestellt werden. Die Frau-Mann-Beziehung spiegelt die dualen Kräfte wider, die durch Mond und Sonne auf dieser Erde entstanden sind, in der chinesischen Kultur als Yin und Yang bekannt. Das Tier steht als dritte Kraft, die gleichwohl die männliche wie die weibliche Schöpferkraft sich entfalten hilft und die Natur mit ihrem ungeteilten Bewußtsein repräsentiert.

Man möchte meinen, in unserer modernen Zeit hätte die mythisch-symbolische Komponente keinen Sinn mehr, aber die Affinität, die wir zu einem Tier haben, wird aus eben diesen Komponenten gespeist. Wenn wir sie als bewegliche Energien verstehen, eröffnet sich ein weites Feld, über Sympathie hinaus den geistig-seelischen Aspekt jedes Tieres wahrzunehmen und zu beobachten, wann man besonders gut, wann besonders schlecht mit einem Tier kommunizieren kann. Die symbolenergetische Ebene kommt in Bewegung und wird immer klarer, je mehr man die Beziehung und Resonanzebene bewußt erlebt."

Tier	Symbol für	Fähigkeit	Naturvorgänge
Kuh	Fruchtbarkeit, Fülle, Auferstehung, Unsterblichkeit, Lebensprinzip, Mond, Sehkraft, Gedankenkraft	Liebe, Treue; Bereitschaft, die verwirrten Seelen in das Reich des Todes zu weisen	Weißes Licht des Tagesanbruchs = Milch, feuchte Morgenröte; Frühling
Pferd	Träger des Helden; Tradition = „aus einem Pferd wird wieder ein Pferd", Bewegung, Eigensinn, Ästhetik, Schönheit, Abenteuer, Weite, Unabhängigkeit, Farbe, Glanz der Augen	freiwilliger Gehorsam, Einheit von Mensch und Tier, Anpassung an den Reiter; mentale Botschaften zu senden und zu empfangen; zügelt dämonische Kräfte. Eleganz, sprachgewandt, Neigung zu Ungeduld, Geltungstrieb, verträgt keine Einsamkeit, braucht Anerkennung und Lob	Morgensonne, Weites Land, Licht
Hund	Hüter der Pforten zum Himmel und der Nacht, Wachsamkeit, Zartheit, Gerechtigkeit, Behendigkeit; Schicksal, Abwehr, Diskretion, Verläßlichkeit	morgens und abends im hellsten Augenblick aufleuchten, Verborgenes finden, auf die Sonne = Licht zugehen; duldet keine Beleidigung, berichtigt Irrtum; bellt nur, wenn etwas zu sagen ist; Neigung zu Starrsinn	Zwielicht morgens und abends, Bergwasser
Katze	Jagd, Nacht, Mond, Reinigung, Schutz, Unabhängigkeit	unbeirrbar den Weg gehen, Neigung zu Oberflächlichkeit, Gelassenheit, Ruhe	Nacht, Mond
Vogel	Himmel, Freiheit, Weisheit, Prophetie (anhand des Vogelflugs), Sprache, Musik, Inkarnation, Kommunikation, Farbe Blau = Zeit	durcheilt Himmel; Lernen; Reaktion auf kleinste Schwingungen; Wetter; Luftspannung, überwindet Schwerkraft; Träumen; Neigung zur Exzentrizität und Konservatismus	Himmel, Sonne

Kühe

Wie leben und erleben wir denn die Affinität und Resonanz bei einem Tier? Beginnen wir mit einer Tiergattung, die wohl der Geistheilung dringender bedarf als jedes Heimtier, bei der Kuh, die uns zur Nahrung dient und der Inbegriff der Mütterlichkeit und Fruchtbarkeit ist. Wir haben uns weit entfernt von der tiefen spirituellen Bedeutung der Kuh als Haustier und noch viel mehr von ihren mentalen Fähigkeiten. Wer Kühe hält und einen inneren Zugang zu diesen Tieren findet, wird bestätigen, daß Kühe kaum Emotionen zeigen, aber einen genau anschauen und mentale Bilder senden. Sie sind introvertierte Persönlichkeiten, die sich langsam bewegen, aber ein starkes Selbstbewußtsein besitzen. Sie stehen für die Mutter Erde und sind daher sehr bodenständig. Kühe reagieren sehr spontan auf Musik. Deshalb sollten Sie sanfte Musik (Barock, New Age) bei der Heilungssitzung im Stall laufen lassen. Es ist wichtig, einer Kuh genau zu erklären, was man vorhat. Sie wird Sie anschauen und einwilligen. In Indien habe ich herrliche Szenen mit Kühen und Wasserbüffeln erlebt, wenn ihre Besitzer nach getaner Arbeit mit ihnen sprachen und sanft mit den Händen über ihren Rücken strichen. Es entstand ein angeregtes Zwiegespräch zwischen Mensch und Kuh oder Büffel, so daß ich jeden Moment dachte, ich müsse diese Sprache verstehen. Leider sind die modernen westlichen Bauern vom Streß gezeichnet und betrachten ihre Kühe nur als Milchmaschinen.

Wenn Sie an einer Weide vorbeikommen, brauchen Sie nur eine Kuh auszuwählen und mit ihr mental zu kommunizieren. Das geht sehr leicht, denn auf mentale Heilenergie spricht sie exzellent an. Im Stall können Sie auch die Hände sanft auf den Rücken oder auf die Nierengegend legen. Täuschen Sie sich jedoch nicht: Kühe zeigen wenig nach außen, ob ihnen die Behandlung gefällt oder nicht. Aber sie sind sehr empfindsame Wesen, die Ihnen mental durchaus klar mitteilen, wie sie sich fühlen. Sie sollten während der ganzen Sitzung „auf Alpha" bleiben, damit Sie mit der Kuh in Kontakt kommen. Menschen, die Kühe gerne heilen, sind praktisch und erdbezogen, sprechen eher wenig und beobachten mehr.

Pferde

Wenn Sie in der Tabelle die Symbolik des Pferdes nachlesen, wird Ihnen sofort klar, daß Eigensinn, Schönheit und Unabhängigkeit sowohl Charakteristika der meisten Pferde als auch der meisten Reiter sind. Ein Reiter liebt die elegante Schönheit der Pferdebewegungen und braucht sehr viel Einfühlungsvermögen in diese mental begabte Psyche. So wie Mensch und Reiter im Idealfall eine Einheit bilden, so ist auch die Gabe des Pferdes, Botschaften zu senden und zu empfangen, eine Einheit. Leider hören nur wenige Sport- und Wochenendreiter, was ihr Partner zu sagen hat, und verursachen dadurch viele Verhaltensstörungen. Die aber zuhören, sind Menschen, die auch selbst gern gehört werden, die Lob und Anerkennung brauchen und sich völlig selbstverständlich mit ihrem Pferd unterhalten. Es gibt berühmte Beispiele von englischen Geistheilern des letzten Jahrhunderts, die beschrieben, welches hohe Denkvermögen Pferde besitzen. Es gab rechnende Pferde und solche, die auf hellsichtige Weise ihren Halter vor Unfällen bewahrten.

Pferde sind „Augentiere": An ihren glänzenden Augen kann man sehen, wie es ihnen geht und was sie von ihrem Reiter halten. Eine sehr heilbegabte Tierärztin sagte über ihre Pferde: „Wenn ein Pferd mich so seltsam anschaut, gehe ich gleich auf Alpha und höre, was es zu sagen hat." Obgleich Pferde auch gern gestreichelt werden, sind sie doch keine primär emotionalen Tiere, sondern mentale.

Mit ihnen kommen nur Menschen in Resonanz, die ebenfalls einen unabhängigen Geist haben und zugleich die „Zügel" an ihn legen. Sie mögen keine emotionalen Eruptionen, noch zeigen sie leicht nach außen, was sie denken und was in ihnen vorgeht.

Hunde

Wer Hunde mag und einen leichten Zugang zu ihnen hat, erreicht sie am schnellsten auf der emotionalen Ebene. Aber Hunde sind sanfte Wesen, die auch am besten auf sanfte Weise lernen. Da sie empfänglich für die Gemütslage ihrer Umgebung sind, bilden sie auch leicht einen Projektionsschirm für den Hundehalter. Ein Geistheiler, der Hunde behandelt, wird also immer den Halter einbeziehen, weil in den meisten Krankheitsfällen das Verhältnis „Herr und Hund" der Heilung bedarf. Ich konnte oft beobachten, daß integre Hundehalter einen starken Gerechtigkeitssinn haben, zuverlässig und körperlich wie geistig bewegliche Menschen sind. So wie der Hund symbolisch der auf das Licht Zugehende ist, so sind auch Geistheiler, die Hunde behandeln, gute Tröster, die mit wenigen Worten ein leidendes Wesen aufrichten können. Sie sind auch sehr anpassungsfähig, weil sie sofort eine emotionale „Atmosphäre" erspüren und sanft darauf einwirken, wenn diese aus dem Lot ist.

Wer Hunde therapiert oder mental heilt, muß jedoch ein großer Menschenfreund sein, denn bei kaum einer Tierart treffen wir so viele Verirrungen des menschlichen Geistes an wie in der Hundezucht und Hundehaltung. So wie der Hund symbolisch der Hüter der Pforten zum Himmel, d.h. zum positiven Lebensausdruck, und zur Hölle, eben zu den negativen, zerstörerischen Energien ist, bewegt sich auch der Halter oft zwischen beiden Extremen. Eine Hundepsyche zu zerstören, dauert wesentlich länger als beim Pferd, aber wenn das Verhältnis zum Menschen gestört ist, entfaltet sie eine Abwehr, die mit herkömmlichen Heilmitteln nicht mehr zu behandeln ist. Ein verhaltensgestörter Hund hat einen verhaltensgestörten Halter. Für den Geistheiler bedeutet das: Nehmen Sie auf Alpha Kontakt zum Hund auf, senden Sie ihm Trost, Liebe und Lichtfarbe und beziehen Sie dann den Halter in Ihre Heilungssitzung ein. Lassen Sie sich nicht durch Äußerlichkeiten bei Hund und Mensch beeindrucken und folgen Sie ausschließlich Ihrer Intuition. Der Hund versteht Sie sofort. Da selbst der schlechteste Halter aber einmal aus einem tiefen, unterbewußten Bedürfnis nach Freundschaft und ebenbürtiger Partnerschaft einen Hund erwarb, gilt es diese positive Saite wieder zum Schwingen zu bringen. Das ist keine leichte Aufgabe und sicher nichts für „blutige Anfänger", aber ein lohnendes Ziel, da es so viele kranke Hunde gibt.

Katzen

Kommen wir zur Katze, die allgemein wegen ihres unabhängigen Charakters und ihrer Fähigkeit, emotionale Bedürfnisse auszudrücken, bekannt ist. Katzenhalter sind relativ leicht an ihrem tiefgründigen Wesen zu erkennen, das mit einer ebensolchen Liebesfähigkeit ausgestattet ist. Die katzenhafte, elegante Bewegung zeigt sich sowohl physisch als auch geistig. Es ist amüsant, daß Katzenhalter stets von ihrer Katze oder ihrem Kater als den heimlichen „Chefs" im Haus sprechen. Man hört sie nicht, aber spürt sie. Die Emotionalität der Katzen wird als gutes Lehrbeispiel gepriesen, Gefühle und erotische Bedürfnisse zu zeigen. Kein zweites Tier äußert so deutlich den Genuß, gestreichelt und liebkost zu werden. Da die Katze ein nachtaktives Tier ist, wird mit ihr auch symbolisch gern die Nachtseite des Lebens assoziiert. Das ist zunächst einmal positiv zu sehen, da die unsichtbaren Kräfte oft gerade die sind, die man am deutlichsten spürt. Das Geheimnisvolle der Gefühlswelt ist ungemein anziehend. Im Gegensatz zum Hund läßt sich die Katze nicht so leicht dominieren, sondern sie bringt ihren Unwillen sofort durch beharrliches Fehlverhalten zum Ausdruck wie das Urinieren aus Eifersucht oder Protest gegen irgendwelche „Vorschriften" im Haus.

Auf einer tiefen Ebene zeigen Katzenkrankheiten die psychischen Projektionen ihrer Halter, hier vor allem der Halterinnen. Wer als Geistheiler Katzen behandelt, wird unweigerlich mit dem Phänomen der Hysterie konfrontiert. Es sieht von außen oft so aus, als wäre die Halterin übermäßig um ihre Katze besorgt und reagiere deshalb übertrieben. Aber in den meisten Fällen dient die Katze als „Feigenblatt", um eigene, emotionale, sehr oft sexuelle Probleme mühsam zu vertuschen. Während die Katze in solch einer Situation eigentlich nur in Ruhe gelassen werden will und schnell geheilt werden könnte, ist es der Mensch, der hier umständlich um Hilfe ruft. Wer eine Affinität zu Katzen hat, sollte als Heiler auch viel Verständnis für die blockierten Emotionen beim Menschen entwickeln und wie die Katze unbeirrbar seinen Weg gehen. In einer tiefen, unterbewußten Schicht schlummern die Saiten, die auch den Halter einst mit der Katze in Resonanz brachten. Versuchen Sie durch endlose Geduld und positive Haltung, diese Saiten zum Schwingen zu bringen. Verhaltensstörungen, ja sogar schwere Ekzeme verschwinden bei Katzen fast über Nacht, wenn es gelingt, den Halter wieder in die Mitte zu bringen. Farblicht und mentale Farben können hierbei viel bewirken.

Vögel

Liest man über die Symbolik der Vögel, so fühlt man förmlich das Bedürfnis nach Freiheit des Geistes und das Aufgeben der Erdenschwere. Vögel sind noch mentaler begabt als Pferde und sehr schwer zugänglich. Die Vogelhaltung täuscht zwar die Existenz zahmer, verschmuster Papageien vor, aber das Heer verstörter, an Leib und Seele kranker Papageien ist unüberschaubar groß. Wenn ein Vogel an seiner natürlichen Reaktion, nämlich wegzufliegen, wenn er sich bedroht fühlt, gehindert wird, wendet er seine Aggression wie kein zweites Haustier gegen sich selbst. Er zerstört dann sein Gefieder und gibt sich selbst auf.

Da der flugfähige Vogel sich in dem Element Luft bewegt, ist er auch wie kein zweites Tier auf die Wahrnehmung von Schwingungen spezialisiert, sowohl auf atmosphärische, emotionale wie gedankliche. Er ist von Natur aus kommunikativ und hat als einzige Tierart bei einigen Vögeln (Beos, Graupapageien, Aras) die Gabe entwickelt, die menschliche Sprache zu imitieren und diese assoziativ einzusetzen. Der Gesang der Singvögel prägte in jeder Kultur die menschliche Musik. Bei uns war es der Amselgesang mit seinem Klangreichtum.

Wer als Mensch die Unabhängigkeit des Geistes wirklich lebt, seine sensitiven Gaben im Umgang mit der Außenwelt einsetzt und gerne kommuniziert, findet auch einen leichten Zugang zur Vogelpsyche. So ängstlich Vögel sind, spüren sie doch sofort, ob eine Hand sie greifen oder heilen will. Die mentale Kommunikation „funktioniert" bei ihnen nur, wenn sie absichtslos geschieht. Vögel wollen nicht durch zu starke äußere Handlungen wie Anstarren und Anfassen beachtet werden. Versucht man auf Alpha mit ihnen zu kommunizieren, so muß man sich nicht wundern, zunächst auf eine Wand zu stoßen oder einen Schutzring. Sobald Sie diesen Wall wahrgenommen haben und sich zurückziehen, öffnet er sich. Das ist das Geheimnis der Vogelpsyche.

Um die Schwerkraft zu überwinden, müssen alle Bewegungen schnell sein. Der Vogelkörper ist in jeder Hinsicht (pneumatisierte Knochen, Luftsacksystem, Stoffwechsel) auf Schnelligkeit ausgerichtet. Die Wahrnehmung ist insofern ganzheitlich, als Vögel sofort Orientierungspunkte erfassen, wenn sie unbekanntes Gelände durchfliegen. Das bedeutet in der Vogelhaltung aber auch, daß Vögel gewohnte Muster brauchen, um sich sicher zu fühlen. Wenn ihre Bezugsperson dauernd wechselt, werden sie unsicher. Da sie Schwarmtiere sind und ihre möglichen Schwächen stets bis zum letzten Augenblick verbergen, ist die Vogeltherapie in der Tat die größte Herausforderung an das menschliche Wahrnehmungsvermögen, durch Fassaden hindurchzuschauen.

Vögel sprechen sehr gut auf Geistheilung an, sowohl auf die direkte, wenn sie anwesend sind, als auch auf Fernheilung. Sprachen wir bei der Katze schon von den Problemen, die unterschwelligen emotionalen Projektionen des Halters zu erkennen, so sind es beim Vogelhalter besonders die mentalen Probleme. Die meisten Vogelhalter und -züchter leben in ihren Vögeln die Leichtigkeit und Freiheit des Geistes, die sie selbst häufig aber nicht ausleben. Unter ihnen finden wir paradoxerweise die materialistischsten Menschen, die förmlich am Boden kleben und zu einem krankhaften Konservatismus neigen. Je verrückter die Züchtungen sind, weil die natürlichen Gefiederfarben oder die natürliche Körpergestalt nicht mehr schön genug sind, um so deutlicher kann man mit dem inneren Auge sehen, welche Sehnsüchte der Züchter hegt, ohne die Kraft zu haben, diese selbst zu verwirklichen. Die Lebensuntauglichkeit überzüchteter Tauben, Kanarienvögel oder Wellensittiche zeugt von einem menschlichen Bewußtsein, das seine Kreativität in die Irre leitet und sich selbst ausgrenzt von der Möglichkeit, schön, intelligent, farbig und kommunikativ zu sein.

Ich habe bei Vogelzüchtern schon oft die psychische Situation angetroffen, daß sie äußerlich am Leben hängen, indem sie zu viele
Vögel halten, aber innerlich zutiefst resigniert, depressiv und
lebensfeindlich eingestellt sind. Die Krankheit Nr. 1 in der Vogelhaltung ist das negative Denken und als Folge davon das Verharren
im Materialismus. Das erschwert ihnen den Zugang zur Geistheilung. Es kommt äußerst selten ein Vogelhalter – und wenn, sind es
meist Frauen – mit der Bitte um Geistheilung. Die männliche
Domäne der Vogelzucht und -haltung ist die größte Herausforderung an die Toleranz und das Einfühlungsvermögen des Heilers in
die tiefliegenden mentalen Probleme. Aus eigener Erfahrung kann
ich bestätigen, daß die mentale Fernheilung bei Vögeln wichtiger
als alle anderen geistigen Heilungsarten ist. Wer Vögel ganzheitlich
therapiert, gewinnt einen ungemein tiefen Einblick in das menschliche Bewußtsein, das in der Lage ist, völlig unverständliche Verhaltensweisen an den Tag zu bringen. Besuchen Sie einmal eine
Vogelschau und lassen Sie in einem leichten Alphazustand die Aus-
steller auf sich wirken. Fragen Sie sich, was diesen oder jenen Züchter dazu bewegt, Vögel zu halten. Lauschen Sie den „Gesprächen"
der Züchter, die in einem Schlagabtausch Superlative austauschen,
aber gar nicht miteinander kommunizieren. Schauen Sie auf die
häufige Diskrepanz zwischen den eleganten Vogelarten und den
gedrungenen menschlichen Gestalten, die sie züchten. Schauen Sie
aufmerksam in die Gesichter dieser Menschen, in denen Lächeln
und Emotionalität erstarrt oder verschwunden sind.

Ich sagte schon im Zusammenhang mit den Hundehaltern, daß
man als Heiler ein großer Menschenfreund sein muß. Das trifft in
noch viel größerem Maße in Hinblick auf den Vogelhalter zu. Der
Weg zum Herzen und zu den Saiten, die einst der Mensch in
Schwingung versetzte, als er sich entschloß, einen oder mehrere
Vögel zu halten, ist beschwerlich und frustrierend. Aber wenn Sie
einmal erlebt haben, wie aus einem materiell und psychisch ver-
krusteten Panzer plötzlich ein strahlender Mensch hervorgeht,
übertrifft das alles an Freude, dessen man als Heiler teilhaftig werden kann. Meine Empfehlung ist, in der Fernheilung stets den Hal-

ter einzubeziehen und sich täglich darin zu üben, durch die Fassade äußeren Verhaltens hindurchzuschauen. Vögel sind spirituelle Wesen. Mit ihnen und ihren Haltern umzugehen heißt, sich in einer Tugend zu üben: Nicht zu werten, sondern hundertprozentig den anderen anzunehmen.

Vor allem am Anfang hilft es, sich mit dem inneren Wesen der Tiere zu befassen, um den Zugang zu ihnen zu verstehen und gegebenenfalls zu erleichtern. Wer Reptilien liebt, wird interessante Eigenschaften entdecken und ein wenig die Symbolik erforschen. Wer Meerschweinchen, Hamster, Mäuse oder Hasen liebt, wird in die Welt dieser fälschlicherweise als „Schmusetiere" bezeichneten Wesen eindringen und mit der Zeit durchschauen, was sie im Menschen anregen.

Die Lebenshaltung des Geistheilers

Die Farben – die Kleidung

Es mutet zunächst seltsam an, daß die Lebenshaltung und -einstellung eines Geistheilers von Belang sein könnte. Aber ich habe in Großbritannien immer wieder solche „Leitlinien" für öffentlich wirkende Medien und Heiler angetroffen. Auch in den Vereinigungen der „Spirtualists Church" gibt es schriftliche Regeln, die jedoch nicht dazu gedacht sind, jemanden zu reglementieren und in seiner Individualität zu beschneiden. Nein, hier geht es um etwas ganz anderes. Es wird von Anbeginn Wert darauf gelegt, die Verantwortung für das Agieren als Geistheiler in der Öffentlichkeit zu übernehmen. Zu einer Schulung der Sensitivität gehört auch das „Wie" des Auftretens. Der Lernende ist oft so sehr mit seinen Übungen beschäftigt, daß er gar nicht daran denkt, wie er nach außen wirkt und welche unnötigen Assoziationen er beim Klienten hervorruft, wenn sie oder er im wallenden Purpurgewand, mit Birkenstocksandalen oder ganz in Weiß oder mit Edelsteinen zur Abwehr „böser Geister" daherkommt. Briten sind konservativ. Das mag in manchen Lebenslagen nicht zum Vorteil gereichen, aber in der Sensitivitäts- und Heilerschulung habe ich es immer als wohltuend empfunden, daß sie ohne „Brimborium" und auffällige Insignien geschieht, sondern in „schlichter Eleganz". Da man beim Heilen immer direkt oder indirekt mit dem elektromagnetischen Biofeld oder mit den Auraebenen Kontakt aufnimmt, gehört zur Sensitivitätsschulung grundsätzlich auch die Kenntnis der psychischen und mentalen Bedeutung von Farben. Farben sind Energien, deren Schwingungen bei einem selbst und beim Betrachter Emotionen bewegen. Sie können sich vorstellen, wie ein Mensch auf Sie wirkt, der in Mausgrau, Schwarz oder nur in „gesunden Naturtönen" gekleidet ist. Wer ausschließlich solche Farbtöne trägt, will nicht gesehen werden, will nicht sagen „hier bin ich" und will eigentlich nicht erwachsen werden. Die meisten westlichen Menschen durchlaufen während der Pubertät eine Phase, in der sie sich total in „Grabesschwärze" zurückziehen. Wenn aber dieser Rückzug, sich zu entscheiden, „Kindsein verlassen – erwachsen werden", über die Pubertät hinaus andauert, zeigt dies, daß der Mensch einen Teil in sich immer noch nicht zeigen will bzw. einfach nicht erwachsen werden lassen will. Das ist zunächst einmal kein Makel, weil es sehr häufig sensible und sensitive Menschen sind, die sich diesen Schutzmantel aus schwarzen Stoffen wählen, um nicht so deutlich wahrgenommen bzw. um nicht verletzt zu werden. Farben zu tragen heißt, wahrgenommen zu werden und fördert somit auch die Lebensenergie: Beides bei sich und anderen.

Mein Lehrer, Ray Williamson, sagt, jeder sei ein lebendiger Regenbogen hinsichtlich seiner Aurafarben. Er wird nicht müde, durch zahllose Übungen ins Bewußtsein zu bringen, daß Farben die einfachsten und direktesten Heilimpulse aussenden. Farben gehören zur Lebensqualität und zum Lebensausdruck. Für einen Geistheiler ist es sehr wichtig, sich mit Farben zu umgeben. Das lädt das äußere Energiefeld eines Raumes ebenso auf wie das innere. Es ist natürlich jedem selbst überlassen, welche Farbakzente sie oder er wählt, um einen Raum zu gestalten oder als Kleidung zu tragen. Manche Farben kleiden einen nicht, andere passen nicht in unseren Raum, aber unser Harmoniebedürfnis findet die Balance und die für jeden einzelnen richtigen Farben.

Wenn Sie als Geistheiler arbeiten oder öffentliche Vorträge halten, müssen Sie sich klarmachen, daß Ihr Gegenüber Sie über längere Zeit anschaut. Ihre Farben wirken entsprechend lange auf das Biofeld des anderen ein. Daher sind dominante Signalfarben wie Knallrot oder Knallgelb besser als Akzente zu setzen und nicht als großflächige Kleidung. Andererseits sind alle auffälligen Violettöne ungeeignet, weil sie den Betrachter nervös machen. Farben senden Botschaften aus, und von Ihnen sollte die Harmonie ausstrahlen, die Sie auch im Inneren spüren.

Die Honorarfrage

Eine sehr wichtige Lebenshaltung des Geistheilers betrifft die Honorarfrage. Es ist keine Frage, daß sich Materialismus und Heilenergie nicht vertragen. Aber man sollte seinen Wert kennen und ein gesundes Selbstbewußtsein entwickeln. Das bedeutet, ein Geistheiler muß durchaus nicht umsonst arbeiten, nur weil man seine Arbeitsergebnisse nicht sieht. Es sollte ein Ausgleich zwischen Geben und Nehmen entstehen. Das Nehmen kann ganz verschieden aussehen. Selbst wenn Sie (wie die meisten englischen Geistheiler) sagen, Sie verlangen kein festes Honorar, sondern nehmen eine Spende an, sollte dieser Entschluß von ganzem Herzen kommen. Wir leben in einer materiellen Welt und es kommt schnell Frustration auf, wenn man für seine Arbeit kein Geld bekommt, nur weil man nicht den Mut hat zu sagen, was man für seinen Arbeitsaufwand haben möchte. Ich nenne den Tierbesitzern z.B. ein Honorar, das erst in Betracht kommt, wenn er eine deutliche Besserung bei seinem Tier wahrnimmt und der Heilungsprozeß in Gang gekommen ist. Umsonst arbeiten und kein Honorar verlangen, sind zweierlei Dinge. Der Geistheiler oder sonstige Therapeut muß der Chef seiner Entscheidung bleiben und diese darf nicht halbherzig sein. Für ärmere Tierhalter ist es eine Erleichterung, daß sie die Wahl haben, wie sie sich für unsere Arbeit erkenntlich zeigen dürfen.

Unter namhaften Geistheilern gibt es auch solche, die von diesem Beruf leben. Selbstverständlich muß man in solchen Fällen ökonomisch denken und feststehende Honorarsätze ansetzen. Das wichtigste Thema ist das Selbstwertgefühl, das unabdingbare Vertrauen, daß die ehrenwerte Arbeit auch in materiellem Gegenwert angenommen werden darf. Der Dienst am anderen, seine Fähigkeiten in den Dienst der leidenden Menschen und Tiere zu stellen, ist die vornehmste Arbeit und ist gelebte Spiritualität. Diesen Wert sollte man in seiner Arbeit als Geistheiler entdecken und würdigen.

Gesundes Selbstbewußtsein entwickeln

Wir entwickeln in unserer High-Tech-Gesellschaft unzählige Dinge, aber eine Gabe bleibt in den meisten Berufszweigen auf der Strecke: ein gesundes Selbstbewußtsein. Wäre es entwickelt, gäbe es nicht so entsetzlich viele Menschen bei uns, die mit ihrem Leben und Beruf unzufrieden sind.

Selbst-Bewußtsein bedeutet, frei zu sein in der Äußerung von Emotionen, Wünschen und in der Achtung dessen, was man kann. Dadurch, daß bei uns die meisten das hoch achten, was sie nicht haben und nicht können, schwindet der Zugang zu der eigenen Autorität. Der Verlust der Eigenautorität geht mit Streß einher und dieser sorgt zusätzlich für das Verschwinden des Selbstwertgefühls.

In der Kinesiologie werde ich damit ständig konfrontiert. Es kann jemand etliche Titel und Auszeichnungen erworben und doch ein verkümmertes Selbstbewußtsein haben. In einer materialistischen Welt gibt es Maßstäbe und Meßlatten, die den Perfektionismus hervorbringen. In einer spirituell durchdrungenen Alltagswelt durchschaut man allmählich die Hohlheit und Leere dieser Maßstäbe. Nicht die Qualifikationen der schulischen Ausbildungen sorgen für ein gesundes Selbstwertgefühl, sondern allein der Umgang mit sich selbst, mit seinem Denken und Tun.

In England wird das Selbstbewußtsein auf sehr unkonventionelle Weise geschult, indem man lernt, frei und inspiriert zu sprechen. Ich habe Menschen erlebt, die mühelos frei aus dem Stand über ein philosophisches Thema sprechen konnten, aber weder eine großartige Schulbildung genossen hatten (in Großbritannien herrscht keine Schulpflicht) noch irgendein philosophisches Werk studiert hatten.

Das inspirierte Sprechen ist als Ausdruck eigener Erfahrung zu verstehen. Man sieht es als ganz normal an, daß jemand, der gerade erst anfängt z.B. die Aura zu spüren, weniger darüber reden kann als ein erfahrener Heiler. Aber beide sprechen inspiriert, d.h. sie verstehen sich als Kanal, durch den inspirierende Kräfte fließen, die sich mit der eigenen inneren Erfahrung verbinden.

Das erzeugt ein völlig anderes Verständnis für Bildung einerseits und für das Verständnis, daß Worte starke Energien sein können, andererseits. Jeder hat schon tödlich langweilige Reden gehört. Es mag einer sogar Rhetorik studiert haben und dennoch können seine Worte einschläfern oder einen erschlagen, wenn die Stimme durch Lautstärke versucht, Aufmerksamkeit zu erzielen. Nicht die Redetechnik ist entscheidend für Wortenergie, sondern welchen Geist die Worte erfüllen. Wissenschaftliche Vorträge sind ein unerschöpfliches Übungsfeld zu durchschauen, wer das lebt, was er sagt und wer Faktenwissen auftischt. Inspiriertes Reden ist unabhängig vom Thema möglich und basiert auf Spontaneität.

Als wir unsere englischen Sensitivitätslehrer nach Deutschland zu einem Privatkurs einluden, waren die Teilnehmer interessiert an allen Übungen, aber das inspirierte Sprechen war für alle ein Riesenstreß, wenngleich auch jeder von der Wirkung begeistert und überzeugt war. Um inspiriert zu sprechen, muß man kein Bühnenmensch sein, genauso wenig, wie man für das Aufmalen der Aura kein Malkünstler sein muß. Ich stelle Ihnen ein paar Übungen vor, wie Sie das inspirierte Sprechen üben können, denn es stärkt in der Tat das Selbstwertgefühl und Selbstvertrauen und bringt auch bei den stillen, introvertierten Menschen das nach draußen, was sie zu sagen haben.

Übung 34

Diese Übung sollten Sie mit einer kleinen Gruppe oder mindestens einem weiteren Zirkelmitglied durchführen. Es werden kleine Zettel mit Begriffen beschriftet. Nehmen Sie Worte wie: Heilung, Licht, Freude, Trauer, Energie, Abschied usw.

Dann falten Sie die Zettel zusammen und mischen sie auf dem Tisch. Nun geht immer einer der Gruppe nach vorne, zieht einen Zettel, liest das Wort vor und sagt, was ihr oder ihm dazu spontan einfällt. Es sollte nicht überlegt werden, sondern die Konzentration auf die Mitte gelenkt und augenblicklich das Vertrauen aktiviert werden, daß einem die richtigen Worte zufließen, die das zum Ausdruck bringen, was man mit dem Wort verbindet. Sind es 30 Sekunden, die Sie spontan sprechen können, sind das 30 Sekunden Inspiration. Sie entwickeln sehr bald ein Gefühl, daß da eine Energie in Gang kommt, einen Höhepunkt erreicht und wieder abflaut. So tritt reihum jeder nach vorne und spricht spontan über den gerade gezogenen Begriff. Eine sehr wichtige und tiefgreifende Erfahrung macht jeder durch diese kreative Übung:

• Man zieht immer das passende Wort;
• Man begreift den Unterschied zwischen dem Nachdenken über eine Sache und dem Worte-finden aufgrund spiritueller Inspiration.

Gesagtes hat eine ganz andere Bedeutung als Gedachtes. Worte sind manifestierte Gedanken: Wenn sie ausgesprochen werden, können wir uns nicht mehr dahinter verstecken und sie zurücknehmen. Aber anstatt nun eine total unkreative Haltung einzunehmen: „Lieber den Mund halten und sich sein Teil zu denken", ist es viel günstiger zu lernen, seinen emotionalen und mentalen Gedanken verbalen Ausdruck zu verleihen. Wir haben leider bisher nur die Redekunst als Handwerk entwickelt, um andere möglichst tief zu beeindrucken und einzuschüchtern. Doch das inspirierte Sprechen braucht keine „Technik", wie ich hunderte Male bei Menschen der Sensitivitätsschulung „live" erleben konnte. Es geht ausschließlich darum, seinen Gedanken, Gefühlen und Erfahrungen einen adäquaten Ausdruck zu verleihen.

Übung 35
Wenn Sie mit niemandem zusammenarbeiten können, vielleicht alleine leben und in Ihrem Bekanntenkreis noch keine Gleichgesinnten gefunden haben, können Sie dennoch das inspirierte Reden üben.
Schreiben Sie Begriffe auf kleine Zettel, falten und mischen sie. Dann stellen Sie sich in den Raum, wählen ein Zettelchen und sprechen laut und spontan über das Wort.
Sprechen Sie zu Ihren Pflanzen und Tieren. Sie sind exzellente

Zuhörer. Sie werden ebenfalls merken, daß es ganz anders ist, über den Begriff nachzudenken oder eigene Worte zu äußern. Gerade Alleinlebenden, schüchternen, kontaktarmen Menschen empfehle ich dringend diese Übung, da sie die Kommunikationsfähigkeit fördert.

Das inspirierte Reden lehrt Sie, daß es nicht darum geht, der Menge etwas mitzuteilen, sondern darum, sie an den eigenen Gedanken und Erfahrungen teilhaben zu lassen.

Die spirituelle Lebenshaltung

Der letzte Punkt betrifft die spirituelle Lebenshaltung. Wir müssen keine Mönche und Nonnen werden, keiner Religionsgemeinschaft angehören, um spirituell zu sein. Es besteht auch keine Meditationspflicht, keine Notwendigkeit, vegetarisch zu leben und Askese zu üben, weil das alles nur Vorstellungen sind, es wären die Mittel, die den Zweck heiligen. Wir brauchen nur ein „ganzer" Mensch zu sein und zu bleiben, uns als Teil einer größeren und höheren Ordnung oder Schöpferkraft im Alltag zu verstehen und dem, was wir tun, volle Aufmerksamkeit widmen. Ich kenne Geistheiler und berühmte Medien, die keine Minute am Tag meditieren, aber deren ganzer Alltag durchdrungen ist von Gelassenheit, positivem Denken und Kreativität. Auch das ist spirituell. Es bleibt jedem selbst überlassen, wie er oder sie sich diese Werte erschafft, aber wesentlich ist: Sie müssen nichts Besonderes tun und mit einem Eremitenleben liebäugeln, wenn Sie Familie haben und einem Beruf nachgehen. Der Grad der Bewußtwerdung und Spiritualität zeigt sich weniger in Ihrem Meditationsraum als in Ihrem Alltag.

Das kleine energetische Fitneß-programm für Geistheiler

Trotz aller wichtigen Sicherungen im eigenen Energienetz verbraucht der Geistheiler sehr viel Energie. Das geschieht im Dienst des kranken Tieres – meist auch des mitleidenden Tierbesitzers – und ist daher auch in Ordnung.

Geistheilerin oder -heiler zu sein, ist eine selbstlose, dem materialistischen Denken völlig entgegengesetzte Lebenshaltung und Tätigkeit. Aber das tägliche Leben darf dabei nicht vernachlässigt werden. Wir bleiben ganz normale Menschen. Deshalb erachte ich es als sinnvoll und wichtig, mit den eigenen Energien liebevoll und sorgfältig umzugehen. Das heißt nicht, „auf Sparflamme" zu agieren, sondern gelegentlich, vor allem aber vor Beginn einer Behandlungsserie, die Körper- und Gehirnintegration als kleines Fitneßtraining einzuschalten. Wie Sie in den vorangegangenen Kapiteln immer wieder erfahren haben, brauchen wir ein Bewußtsein, das auf Gehirnintegration fußt. Wenn unser Gehirn in Balance ist, d.h. wenn die linke analytische mit der rechten schöpferischen Hemisphäre harmonisch zusammenarbeitet, bedeutet das einerseits ein Anwachsen des eigenen Energiereservoirs und andererseits ein freies Fließenlassen der Energien. Natürlich überschreiten wir bisweilen Grenzen, aber das ruiniert uns nicht, wenn wir einen sicheren Hort wissen, in dem wir auftanken und unsere Batterien neu aufladen können. Das kleine energetische Fitneßprogramm habe ich aus dem Schatz kinesiologischer Übungen ausgewählt, da ich durch die jahrelange Erfahrung als Ausbilderin in Musik- und Tierkinesiologie den Wert der einfachen und spielerischen Übungen erfahren habe.

Übung 36
Laden Sie das Zentralgefäß auf, indem Sie mehrmals von der Schambeinspitze bis zur Unterlippe den Meridian herauffahren.

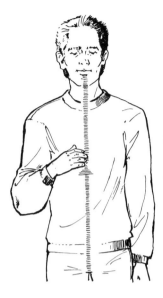

Das Zentralgefäß, einer der Urmeridiane, verläuft von der Schambeinspitze bis zur Unterlippe. Es wird aufgeladen, indem man mehrmals von der Schambeinspitze bis zur Unterlippe mit der Hand den Meridian entlangfährt.

Das Gouverneursgefäß, ebenfalls einer der Urmeridiane, verläuft vom Steißbein über den Kopf bis zu den Lippen. Aufgeladen wird es, in dem man den Anfangspunkt am Steißbein und die Punkte an Ober- und Unterlippe sanft massiert.

Laden Sie das Gouverneursgefäß auf, indem Sie den „Anfangspunkt" am Steißbein und die Punkte an Ober- und Unterlippe sanft massieren.

Der Thymus ist die Schaltstelle des Immunsystems. Durch das sanfte Klopfen wird dieser Bereich aktiviert.

Übung 37
Klopfen Sie den Thymus. Das ist die Schaltstelle des Immunsystems und, wie die Geste veranschaulicht, das körperliche Identitätszentrum.

Übung 38
Folgen Sie mit Ihren Augen dem kreisenden Finger vor Ihren Augen, ohne den Kopf zu bewegen. Führen Sie dies ein paarmal im Uhrzeigersinn und gegen den Uhrzeigersinn aus.

Übung 39
Führen Sie mit dem Daumen oder einem anderen Finger vor Ihren Augen eine liegende Acht aus mit der Schnittstelle auf der Nasenhöhe.

Die liegende Acht steht symbolisch für die ganzheitliche Gehirnintegration von rechts-links und vorne-hinten.

Übung 40
Schalten Sie durch kräftiges Massieren der Ohrmuschel (= Somatotopie des Körpers) die Ohren ein.

Übung 41
Führen Sie die Ganzkörperintegration in drei Schritten durch:

1. Schritt
Überkreuzen Sie eine gedachte Mittellinie, indem Sie den rechten
Ellenbogen mit dem linken Knie und den linken Ellenbogen mit
dem rechten Knie berühren. Halten Sie dabei den Kopf gerade. Das
nennt man Überkreuzgehen.

2. Schritt
Wechseln Sie die Bewegungsweise, indem Sie das rechte Bein mit
dem rechten Arm und das linke Bein mit dem linken Bein abwechselnd heben. Das nennt man das laterale Gehen.

3. Schritt
Kombinieren Sie beide Bewegungsweisen, indem Sie mit dem
Überkreuzgehen beginnen, dann zum Lateralgehen wechseln, wieder vom Lateralgehen zum Überkreuzgehen wechseln. Sie werden
sehen, daß dies zu Beginn etwas holperig wirkt, weil das Umschal-
ten nicht reibungslos funktioniert. Üben Sie diese Übergänge, bis
Sie völlig problemlos abwechseln. Dann erst folgt die Erweiterung
zur großen Integrationsübung.

4. Schritt
Beim Überkreuzgehen halten Sie den Kopf gerade und schauen
nach links oben, während Sie ein wenig summen.
Beim Lateralgehen halten Sie den Kopf gerade, schauen nach unten
rechts und zählen dabei von eins an aufwärts.
Die große Integration ist „komplett", wenn Sie vom Überkreuzvor-
gang des Körpers unter Einbezug der Augenstellung plus Summen
nahtlos wechseln zum Lateralgehen mit der entsprechenden
Augenstellung und lautem Zählen. Das verlangt viel Übung.

Beim Überkreuzgehen auf der Stelle bringen Sie Knie und Ellbogen der entgegengesetzten Körperseiten zusammen.
Beim Lateralgehen auf der Stelle bewegen Sie Arm und Bein der gleichen Körperseite

Sie werden staunen, was diese Integration von Körper und Geist alles bewirkt, denn es geht stets um die Nachbildung des Gehirns, das unzählige Male am Tag die Qualitäten des linken Gehirns abruft, dann die des rechten und schließlich das Zusammenwirken beider Hemisphären fordert. Man sollte meinen, das tun wir automatisch. Leider ist unsere Erziehung aber „linkslastig" und wir versuchen dauernd, ganzheitliche Prozesse wie Lernen, Ideen umsetzen, Ruhe und Entspannung suchen oder Energie tanken mit der analytischen Gehirnhälfte auszuführen.
Die Gehirnforschung hat herausgefunden, daß wir in einem kreativen Gedankengang wie zum Beispiel „Wie führe ich diese Idee prak-

tisch aus?" nur 5 % unseres kreativen Gehirnpotentials nutzen. Leicht verausgaben wir uns, indem wir die Potentiale nicht adäquat zu einer Situation oder Anforderung einsetzen. Die Natur hat dies vorgesehen, indem sie uns durch die Qualitäten des linken Gehirns das aktive, wache Bewußtsein mit der Folge von Spannkraft und durch die Qualitäten des rechten Gehirns das passive, ganzheitlich wahrnehmende Bewußtsein mit der Folge von Entspannung schenkte.

In unserer westlichen Welt dominiert das Phänomen „Streß" nur, weil wir den harmonischen Wechsel zwischen beiden Fähigkeiten bzw. die Integration beider in einem Prozeß nicht mehr richtig vollziehen. Es ist also logisch, wenn ich beispielsweise die Tätigkeit eines Geistheilers nur mit den Mitteln des analytischen, phänomenologisch orientierten Denkens erkläre, daß das niemanden zufriedenstellt. Erkläre ich aber einem Intellektuellen nur mit der bildhaften Sprache des kreativen Denkens, was Geistheilung ist, so führt auch das zu wenig ersprießlichen Resultaten.

Schöpferische Prozesse finden in der Mitte statt, also muß ich auch aus der Mitte erklären. Das führt vorübergehend zu einem kleinen „Gehirnmuskelkater", aber der ist gesund und führt zur Mitte.

Ich möchte die Phasen der Übung erklären, damit auch die kinesiologisch nicht Versierten verstehen, was dabei vorgeht:

Das Überkreuzgehen spiegelt die Aktivität der Neuronen (Corpus callosum) wider, die ständig zwischen rechts und links „springen". Das Schauen nach links oben aktiviert das rechte Gehirn (die Sehbahnen sind überkreuzt) und die visuellen Zentren des Gehirns, das bereits geschehene, gesehene Vorgänge abruft. Das Summen aktiviert klanglich das rechte Gehirn. Das Lateralgehen spiegelt die getrennten Fähigkeiten des linken und rechten Gehirns wider. Das Schauen nach unten rechts aktiviert das linke Gehirn (Sehbahnen sind überkreuzt) und das Zählen aktiviert dessen Fähigkeiten, Details und sukzessive, logische Prozesse zu vollziehen.

Sie sehen, daß die Integration das nahtlose Zusammenwirken scheinbarer Gegensätze bedeutet. Die Natur hat die zwei Hemisphären nicht geschaffen, weil eine nicht ausgereicht hätte, sondern weil das Lebensprinzip von Spannung=Aktivität=Werden und Entspannung=Passivität=Vergehen bestimmt ist. Beides ist ein unendlicher Zyklus. Für einen Geistheiler erachte ich es als Selbstverständlichkeit, daß er sich in diesem Schöpferprinzip einfindet, danach lebt und heilt.

Die Arbeitsethik des Geistheilers für Tiere

Auf Ihrem Weg werden Sie die Erfahrung machen, daß Tiere erst am Ende einer langen Behandlungsserie und Leidensgeschichte zu Ihnen kommen. Der Geistheiler wird wie kein zweiter Mensch eines Heilberufes mit der Endphase von Krankheiten und mit dem Sterben konfrontiert. Daß Sie ein Tier im Frühstadium einer Krankheit vor sich haben oder in Ihr Fernheilungsprogramm aufnehmen, ist eher die Ausnahme.

Das größte Problem in dieser Situation ist der Tierhalter, der meistens alle Hoffnung verloren hat und vor der Euthanasie des Tieres einen „letzten Versuch" mit dem Geistheiler unternimmt. Sie haben im Kapitel über die Sterbebegleitung zwar erfahren, wie Sie mit dieser Situation umgehen können, aber Sie werden dennoch staunen, wie wenig Menschen mit dem Tod umgehen können, und Sie werden gute Nerven und eine unerschöpfliche Quelle positiven Denkens benötigen, um als Geistheiler für Tiere zu arbeiten. Ein Tier stirbt leicht, wenn der Halter es innerlich losläßt. Das tut er oder sie aber selten, denn zum Geistheiler kommt nur jemand, der sein Tier wirklich liebt. Ihre Arbeit schließt somit in den meisten Fällen ein schwerkrankes Tier und einen verzweifelten, frustrierten, enttäuschten Menschen ein.

Dies alles führt zu einer Arbeitsethik, die ich abschließend zu diesem Buch in Punkten zusammenfassen möchte und die ich Sie bitte, immer wieder zu lesen:

- Öffnen Sie Ihr Herz für den Tierhalter, einerlei, wie er sich verhält. Begegnen Sie ihm mit Liebe.
- Erklären Sie dem Tierhalter, daß Sie nicht mehr sind, als ein Genesungshelfer, eventuell auch ein Sterbebegleiter.

- Besprechen Sie offen das Thema „Sterben" mit dem Tierhalter.
- Erklären Sie in einfachen Worten, wie Sie heilen.
- Seien Sie in Ihrem Tun so schlicht wie möglich.
- Führen Sie keine auffälligen Rituale aus, die den Patientenbesitzer nur verwirren.
- Tragen Sie keine ausschließlich weiße Kleidung, sondern schöne Farben.
- Gestalten Sie Ihren Behandlungsraum schlicht, aber gemütlich.
- Nutzen Sie die Kraft der Kommunikationsfarbe Gelb, indem Sie einen Akzent beispielsweise durch gelbe Blumen oder eine gelbe Vase im Raum setzen. Das erleichtert den Zugang zu Mensch und Tier.
- Garantieren Sie niemals eine Heilung.
- Streben Sie Teamarbeit mit einem Tierarzt, Tierkinesiologen oder Tierheilpraktiker an.
- Machen Sie dem Tierhalter klar, daß Ihre Arbeit eine Ergänzung zu anderen Heilmethoden ist.
- Stellen Sie niemals eine Diagnose.
- Lassen Sie sich die Lebens- und Krankheitsgeschichte des Tieres aus der Sicht des Tierhalters erzählen.
- Lauschen Sie auch durch seine Worte hindurch. Was für einen Charakter hat der Tierhalter? Wie ist seine Einstellung zum Partner Tier?
- Versuchen Sie die positiven Eigenschaften des Tierhalters wahrzunehmen und zu würdigen.
- Behandeln Sie das kranke Tier adäquat zu seinem Zustand.
- Nehmen Sie mentalen Kontakt zum Tier auf, begrüßen Sie es und erklären Sie ihm, was Sie vorhaben.
- Teilen Sie dem Tier mental mit, daß Sie nur der Assistent seines Lebenswillens sein können und daß Sie alles tun werden, ihm dabei zu helfen, sich selbst zu heilen.
- Respektieren Sie auch das Tier, das nicht gesund werden, sondern sterben will.
- Versichern Sie dem Tier, daß Sie es annehmen, so wie es ist.
- Raten Sie niemals von einer bestehenden Therapie ab. Geisthei-

lung wirkt auf der höchsten Ebene des Tierbewußtseins und verträgt sich mit jeder anderen Therapie.

- Übernehmen Sie grundsätzlich jedes Tier, das zu Ihnen kommt, auch in Ihr Fernheilungsprogramm.
- Schließen Sie am Ende einer Heilungssitzung immer den Tierhalter mit ein.
- Verstehen Sie sich als Partner anderer medizinischer Maßnahmen, nicht als deren Konkurrent.
- Seien Sie immer ehrlich zu sich selbst, wenn Sie spüren, daß Sie bei einem Tier nichts ausrichten können.
- Beenden Sie die Behandlung, sobald der Energiefluß schwächer wird.
- Fordern Sie kein festes Honorar, sondern überlassen Sie es dem Tierhalter, was ihm Ihre Behandlung wert ist.
- Kontrollieren Sie nach jeder Behandlung Ihren Solarplexus und harmonisieren Sie ihn wenn nötig.
- Fügen Sie zwischen zwei Behandlungen immer ein paar Minuten ein, in denen Sie sich bedanken bei Tier und Mensch, die bei Ihnen waren, und lassen Sie beide zu 100 % los.
- Danken Sie stets der großen Schöpferkraft, daß Sie ihr „Werkzeug" sein dürfen.
- Betrachten Sie die Heilung eines Tieres niemals als Ihre Leistung, sondern als wunderbaren Beitrag zur Anregung der Selbstheilungskräfte.
- Laden Sie sich vor jeder neuen Behandlung auf (siehe kinesiologische Übungen).
- Nehmen Sie pro Tag lieber zu wenige als zu viele Patienten an.
- Befassen Sie sich intensiv mit dem Thema der Sterbebegleitung als echter Alternative zur Todesspritze.
- Versuchen Sie mit Gleichgesinnten einen geschlossenen Heilerzirkel aufzubauen.
- Gewähren Sie aber auch interessierten Menschen Zutritt zum gelegentlichen „offenen Zirkel".

Service

Glossar

Akupunktur: Methode der Traditionellen Chinesischen Medizin, den Energiefluß im Organismus durch Stimulation bestimmter Energiepunkte zu regulieren (mit den Fingerspitzen, Nadeln).

Akupunkturpunkt: Ein Energiepunkt, der mit der Nadel gestochen wird.

Alphawellen: Gehirnwellen, die physiologisch kurz vor dem Einschlafen, kurz nach dem Aufwachen und im Traum erzeugt werden. Sie sind wichtig für Kreativität und Inspiration und wirken in der „Negativen Raum-Zeit", d.h. unabhängig von meßbarer Zeit und meßbarem Raum.

Äther: Gemäß der aristotelischen Elementenlehre entspricht der Äther der feinstofflichen Ebene, in der alle physischen Elemente wie Erde, Wasser, Feuer, Luft enthalten und zugleich transformiert sind.

Ätherleib: Darunter versteht man die elektromagnetische Abstrahlung eines lebenden Organismus, der alle Informationen des Körpers gespeichert hat und durch die Kirlianfotografie sichtbar gemacht werden kann. Er wird heute „Biofeld" oder „morphogenetisches Feld" genannt.

Aura: Energetische Abstrahlung eines lebenden Organismus in verschiedener Dichte und Intensität. Ihre Energien werden in drei Wirkungsebenen eingeteilt: physisch, emotional und mental.

Aura, emotionale: Energiekörper in ca. 1 m Abstand vom physischen Körper (auch Intimsphäre genannt) mit sehr beweglichen und vielschichtigen Energien, die die „Farbigkeit" und Komplexität einer Persönlichkeit ausmachen.

Aura, mentale: Energiekörper in ca. 2–3 m Abstand vom physischen Körper, in dem die wichtigsten Gedankenformen gespeichert sind, die ein Mensch aussendet. Beim Tier ist der Mentalkörper die wichtigste Kontaktzone zum Menschen.

Betawellen: Gehirnwellen des Wachzustandes. Sie beherrschen die „Positive Raum-Zeit", d.h. die meßbare Zeit und den meßbaren Raum. Sie sind wichtig, um sich in der Alltagswelt zurecht zu finden.

Biofeedback-Methode: Testverfahren, um einen Organismus direkt zu befragen, was für ihn am besten ist.

Biotensor: Testgerät aus der Radiästhesie bzw. Bioenergetik, um biologische Systeme (Mensch, Tier, Pflanze) zu testen bzw. zu „befragen".

Cakraenergie: Cakras sind Energiezentren, die von der physischen Ebene (Drüsensystem) über die emotionale bis zur mentalen Ebene vom Körper abstrahlen und einen Bewußtseinszustand widerspiegeln.

Chirologie: Charakterdeutung aus Form und Linien der Hand.

Chiromantie: Wahrsagen aus Form und Linien der Hand.

Dreifacher Erwärmer: Meridian aus der chinesischen Medizin. Die alten Chinesen stellten sich den Körper aus drei lebenswichtigen „Brennräumen" (Kammern) bestehend vor: 1. Erwärmer mit Lunge und Herz, 2. Erwärmer mit den Verdauungsorganen Magen, Dünndarm, Leber und 3. Erwärmer mit den Ausscheidungsorganen Niere, Blase und Dickdarm.

Duale Kräfte: Die auf der Erde durch Sonne und Mond bestimmten Gegensätze wie Tag und Nacht, Sommer und Winter, männlich und weiblich usw.

Dualistisches Prinzip: Gegensätze innerhalb eines übergeordneten Ganzen, z.B.:

Mensch: Mann und Frau,

Licht: Sonne und Mond,

Leben: Energie und Materie usw.

Elemente (1–5): Die Elemente der Traditionellen Chinesischen Medizin resultieren aus der Beobachtung natürlicher Kreisläufe:

Wasser – Meer, See, Fluß, Bach, Quelle;

Erde – Acker, Landschaft, Berge, Täler;

Feuer – Hitze, Brand, Sonne;

Holz – Natur, Bäume, Pflanzen, Blumen;

Metall – Mineralien, die in der Erde entstehen, Kristalle, Edel- und Halbedelsteine.

Elementenlehre: In der Traditionellen Chinesischen Medizin wird der Ausdruck von Leben in die fünf Elemente Erde, Wasser, Feuer, Holz und Metall eingeteilt und gegenseitig in Beziehung gesetzt, um die Harmonie, aber auch die Disharmonie zu erklären.

Emanation: Energetische Ausstrahlung eines Körpers.

Energetisches Feld: Andere Bezeichnung für eine bestimmte Auraebene.

Entsprechungslehre: Die fünf Elemente der chinesischen Medizin bieten eine einzigartige Entsprechungslehre, indem die Jahreszeiten, das Klima und die Naturvorgänge der Natur im Menschen als Mikrokosmos gespiegelt werden. Hinzu kommt noch die Wahrnehmung über die fünf Sinne und die Gemütszustände des Menschen. Auf diese Weise lernt man, vernetzt zu denken und Krankheiten ganzheitlich zu verstehen.

Esoterik: Im Ursprung bedeutete dies eine Lehre, die nur Eingeweihten bestimmter wissenschaftlicher Zirkel vorbehalten war, in denen man den Lebensfragen nachspürte. Esoterik im modernen Sinne besteht seit der New-Age-Bewegung der fünfziger Jahre und bezeichnet eine Geistesströmung, die sich mehr mit energetischen und spirituellen Fragen befaßt als mit materiellen.

Fadenpendel: Ein lotrecht am Faden hängendes radiästhetisches Instrument zum Austesten von Biosystemen.

Fingerenergetik: So wie die Gehirnströme Plus- und Minuspolung erzeugen, haben auch die Finger eine solche Polung. Ferner ist damit die sensitive Fähigkeit der Finger gemeint: Die Fingerspitzen erhalten ihre spezielle Energetik, je nachdem, ob dort ein Meridian endet oder entspringt.

Focus: Blickrichtung, Schwerpunkt der Betrachtung.

Gouverneursgefäß: Einer der sogenannten „Urmeridiane" in der chinesischen Medizin. Er verläuft vom Steißbein über die Rückenmitte, über den Scheitel bis zur Oberlippenmitte.

Indikator: Testanzeige eines Meßinstruments, z.B. Muskeltest oder Test mit Biotensor oder Pendel.

Kirlianfotografie: Fotografische Sichtbarmachung des elektromagnetischen Energiefeldes bzw. der Körperaura.

Kosmische Strahlung: Energien in Wellen- oder Strahlungsform, die aus dem Weltall in die Erdatmosphäre eindringen.

Kreislauf-Sexus- oder Pericardmeridian: Einer der chinesischen Hauptmeridiane, der in der Brusthöhle entspringt und innen am Arm bis zum Mittelfinger fließt.

Meridian: Leitbahn der Lebensenergie, die die alten Chinesen sensitiv in der Körperaura wahrnahmen.

Meridianpunkt: Energetische, punktuelle Abstrahlung im Verlauf eines Meridians.

Morphogenetisches Biofeld: Nach dem Biophysiker Rupert Sheldrake benannte elektromagnetische Abstrahlung eines lebenden Organismus, der sich in jedem seiner Teile wiederholt (z.B. Blut-, Speichel- oder Haarprobe).

Mudras: Altindische Handgesten und -posen, die spezielle Energien – nach außen sendende und nach innen speichernde – ausdrücken.

Od: Andere Bezeichnung für ein energetisches Fluidum (Äther, Prana, Qi), das alles Lebendige durchdringt bzw. aus dem Materie besteht.

Prana: Energetisches Fluidum, das alles Lebendige durchdringt. Andere Bezeichnung: Od, Qi, Äther.

Radionik: Sensitive Messung zum Zwecke einer ganzheitlichen Diagnose und Heilung mit Geräten.

Radionikgerät: Ein Meßgerät, das ein Biofeld über eine Probe (Blutstropfen, Haare usw.) austestet.

Reflexzonen: Am ganzen Körper, besonders am Kopf, an den Füßen und Händen gibt es organische Widerspiegelungen des Körpers, die bei Berührung einen reflektorischen Reiz auf das entsprechende Organ ausüben.

Resonanz: Zusammenklang zweier getrennter Körper ähnlicher Bauart; in Schwingung versetzen. Im übertragenen Sinne: Ansprechen eines Organismus auf sein optimales Heilmittel.

Resonanzprinzip: Damit ein Schönklang bzw. harmonischer Klang erzeugt werden kann, müssen Tonerzeugung (Blasen, Streichen, Schlagen, äußere Hilfs- und Heilmittel usw.) und Klangkörper (Musikinstrument, Körper usw.) zusammenpassen.

Scannen: Aus der Computersprache übernommener Begriff, der das wahrnehmende Gleiten der Hände oder eines anderen Testinstruments über einen Körper, ohne ihn zu berühren, meint.

Shu-Rückenpunkte: In der chinesischen Medizin im Rahmen der Akupunktur bezeichnen die Shu-Punkte entlang der Wirbelsäule Energiepunkte, die eine Reizleitung zu bestimmten Organen haben.

Solarplexus: Energiezentrum über dem Nabel in Magenhöhe, das auf der Körperebene ein Nervengeflecht und in der Aura die Kommunikationsebene mit der Außenwelt darstellt.

Somatotopie: Widerspiegelung von Organsystemen in Teilen des Körpers: Hände, Füße, Ohren, Bauch usw.

Spiritualists Church: Freireligiöse Einrichtung in Großbritannien, in der medial Begabte und spirituelle Heiler wöchentlich Gottesdienst abhalten und ihre sensitiven Fähigkeiten in den Dienst der Menschen stellen.

Thymus: Endogene Drüse, die die T-Lymphozyten des Immunsystems „schult" und Hormone produziert.

Tingpunkt: Anfangs- und Endpunkt eines Meridians.

Wandlungsphase: In der chinesischen Medizin werden die Naturkreisläufe (z.B. Frühling, Sommer, Herbst, Winter) als Vorbild der natürlichen Abläufe in einem Organismus gesehen. Gesundheit (Harmonie) und Krankheit (Disharmonie) werden als vorübergehende, wandlungsfähige Phasen verstanden.

Yang: Nach außen strebende, männliche, aktive Kraft.

Yin: Nach innen ziehende, weibliche, passive Kraft.

Zentralgefäß: Einer der chinesischen „Urmeridiane": Er verläuft vom Schambein über die Körpermitte bis zur Unterlippenmitte.

Zentrifugale Kraft: Die nach außen wirbelnde Energie eines Energiezentrums, z.B. des Solarplexus.

Zentripetale Kraft: Die nach innen wirbelnde Energie eines Energiezentrums, z.B. des Solarplexus.

Adressen

HP Dr. Rosina Sonnenschmidt
Heilungssitzungen für Tiere
Infos bei Marion Wagner und Michael Gräbe
Appenweierer Straße 2B
77704 Oberkirch

Folgende Ausbildungen leitet die Autorin:

1. *WINGS®* Tierkinesiologie für Tierärzte im Rahmen der Gesellschaft für Ganzheitliche Tiermedizin (GGTM). Info und Anmeldung bei der Autorin.

2. Lebensenergie Berater Tier (LEB/T), geleitet von der Tierärztin Anke Domberg; Infos unter 0 81 71-41 87 67

3. Sensitiver Lebensenergie Berater (LEB/S): Sensitivitäts- und Heilerschulung, geleitet von Harald Knauss und Rosina Sonnenschmidt am Ausbildungsinstitut „natur-wissen" in Wolfratshausen: Geltinger Str. 14e
82515 Wolfratshausen
Tel.: 0 81 71-41 87 67

4. Homöopathie an der Heilpraktikerschule Isolde Richter. Infos unter: 0 76 44-83 66

Zum Weiterlesen

Barbanell: Wenn deine Tiere sterben. Bioverlag, Hopferau o. J.
Beham, William: Laws of Scientific Hand Reading. Taraporevala, Bombay 1971.
Cheiro (Count Louis Hamon): Guide to the Hand. Taraporevala, Bombay 1969.
  – Language of the Hand. Taraporevala, Bombay 1966.
  – Palmistry for all. Taraporevala, Bombay 1972.

Dodman, Nicholas: Wer ist hier der Boss? Hoffmann und Campe Verlag, Hamburg 1996.

Gleditsch, Jochen: Reflexzonen und Somatotopien. WBV Verlag, Schorndorf 1983.

Knauss, Harald: Geistiges Heilen. Verlag Homöopathie & Symbol, Berlin 2005.

Knauss, Harald und Sonnenschmidt, Rosina: Homöopathische Heilungsprozesse im Spiegel des Gartens. Sonntag Verlag, Stuttgart 2004.

Mandel: Energetische Terminalpunkt-Diagnose. Energetik Verlag, Bruchsal 1990.

Merlin: Atlas der Handlesekunst. Merlin Verlag, Hamburg o.J.

Reid, Lori: Die Hand. Scherz Verlag, München 1994.

Réquéna, Yves: Handdiagnostik in der chinesischen Medizin. Haug Verlag, Heidelberg 1991.

Selby, John: Heilen. Context Verlag, 1989.

Silva, Kima da: Gesundheit in unseren Händen. Knaur Verlag, München 1991.

Smith, Penelope: Gespräche mit Tieren. Zweitausendeins Verlag, Frankfurt/Main 1995.

Sonnenschmidt, Rosina: Das große Praxisbuch der Psychometrie und der Atemenergetik. Ehlers Verlag, Sauerlach 1998.

– Das Tier im Familiensystem. Sonntag Verlag, Stuttgart 2000.

– Exkarnation – der große Wandel. Verlag Homöopathie & Symbol, Berlin 2001.

– Farb- und Musiktherapie für Tiere. Sonntag Verlag, Stuttgart 1999.

– Ganzheitliche Vogeltherapie mit Homöopathie. Sonntag Verlag, Stuttgart 1999

– Humor und Heilkunst. Verlag Homöopathie & Symbol, Berlin 2004.

– Kraulschule für zahme Vögel. Ulmer Verlag, Stuttgart 1997.

– Krebsrepertorium. Verlag Homöopathie & Symbol, Berlin 2005.

– Mach was draus – ein kleines Alltagsorakel. VAK Verlag, Freiburg 1999

- Mediale Mittel in der Homöopathie. Sonntag Verlag, Stuttgart 2002.
- Neues Heilen – Vögel. Ulmer Verlag, Stuttgart 1995.
- Prozessorientierte Krebstherapie. Verlag Homöopathie & Symbol, Berlin 2003.
- Sensitive Radionik. Ehlers Verlag, Sauerlach 1999
- Tierkinesiologie. Sonntag Verlag, Stuttgart 1998.

Sonnenschmidt, Rosina und Harald Knauss: Die Sinne verfeinern. VAK Verlag, Freiburg 1996.

Zum Nachschlagen

Becvar, Dr. Wolfgang: Naturheilkunde für Hunde. Grundlagen, Methoden, Krankheitsbilder. Kosmos-Verlag, Stuttgart 2004.

Becvar, Dr. Wolfgang: Naturheilkunde für Katzen. Grundlagen, Methoden, Krankheitsbilder. Kosmos-Verlag, Stuttgart 2004.

Gurney, Carol: Die Sprache der Tiere. In 7 Schritten zum Animal Communicator. Kosmos-Verlag, Stuttgart 2005.

Solisti, Kathryn und Michael Tobias: „Ich spürte die Seele der Tiere." Außergewöhnliche Begegnungen und Erfahrungen von Jane Goodall, Penelope Smith, Dorit Feddersen-Petersen, Reinhart Brandau, Linda Tellington-Jones und vielen anderen. Kosmos-Verlag, Stuttgart 2003.

Tellington-Jones, Linda und Sybil Taylor: Der neue Weg im Umgang mit Tieren. Die Tellington TTouch Methode. Kosmos-Verlag, Stuttgart 2005.

Tellington-Jones, Linda: Tellington-Training für Hunde. Das Praxisbuch zu TTouch und TTeam. Kosmos-Verlag, Stuttgart 1999.

Tellington-Jones, Linda: Die Persönlichkeit Ihres Pferdes. Kosmos-Verlag, Stuttgart 1995.

Register

Abstand 43
abstreichen 68
Abwechslung 31
Aggression 69, 70, 72
Akupunktur 13, 16, 24, 183
Akupunkturpunkt 22, 24, 183
Alpha 79, 89, 106, 110, 127
Alphatraining 82, 116
Alphawellen 75, 76, 129, 183
Alphazustand 76, 77
Angst 14, 28, 69, 70
Apparatemedizin 147
Arbeitsethik 180
Ätherelement 25, 40, 183, 186
Ätherleib 40, 41, 183
auditiv 36, 74
aufnehmen 26, 36
Aura 37, 75, 87, 92, 152, 183
Aura, emotionale 41, 89, 183
Aura, materielle 38
Aura, mentale 42, 183
Aura, physische 40, 41, 68, 89
Aura, spirituelle 127
Aurabild 90, 91
Auraebenen 127
Aurafarben 86
Auragraph 102, 119, 120, 137
Aura-Malvorlage 87, 88, 89
ausschalten 44, 45, 49, 91
Ausstrahlung 37, 40
Ausstrahlung, emotionale 127
Ausstrahlung, mentale 127
Ausstrahlung, physische 127
Austausch, mentaler 108, 109

Barockmusik 99, 159
Basisübung 51
Begrüßung 67
Beobachtung, aktiv 100
Beobachtung, passiv 103
berühren 15, 21, 32, 38
Betawellen 75, 76, 129, 184
Bewegung 31
Bewußtsein 12, 23, 29, 146
Bewußtseinsschulung 53
Biofeedback-Methode 184
Biosystem 75, 79
Biotensor 184
Blase 27, 53, 55, 69, 151, 184
Blau 97, 111, 150
Blinddarm 29
Blockaden 35, 70, 80, 123, 124, 126
Buddha 98

Cakraenergie 74, 184
Cakras 128, 184
Charakterdeutung 184
Chirologie 25, 184
Chiromantie 21, 56, 184

Dauerempfang 44
Daumen 57
Deltawellen 129, 130
Demut 58
Denken 43
Denken, ganzheitliches 14
Denken, negatives 165
Denken, positives 13, 34

Diagnose 14, 32, 181

Dickdarm 26, 29, 54, 55, 56, 69, 150, 184

Disharmonie 71

Dreifacher Erwärmer 54, 55, 69, 151, 184

Dünndarm 29, 31, 54, 55, 69, 151, 184

Ebenbürtigkeit 11, 12, 40

Ebene, feinstoffliche 49

Ebene, materielle 40, 49

einschalten 44, 45, 49

Elemente 184

Elementenlehre 25, 185

Emanation 37, 40, 185

emotional 37, 162

empfangen 57

empfinden 45

Empfindungen 49, 51, 80

energetische Acht 130

energetisches Feld 185

Energie 41, 109, 174

Energie, emotional 37

Energie, körperlich 37

Energie, mental 37

Energiearbeit 81

Energiefeld 94

Energieleitbahnen 21

Energiepotential 12, 23, 81

Energiespender 52

Entspannungsebene 79

Entsprechungslehre 185

Erdbezogenheit 35

Erdelement 25, 33, 40, 69

Erdhand 37, 48, 69, 71

Erdungsübung 118, 122

Esoterik 185

Euthanasie 149, 180

Fadenpendel 185

Farbeindruck 50

Farben 110, 167, 168

Farbenergie 91

Feedback 93, 144

Fehldiagnose 139, 140

Feld, elektromagnetisches 75

Fernheilung 113, 136, 140, 145, 164, 182

Fernheilungssitzung 139

Feuerelement 25, 31, 40, 43, 55, 67, 69

Feuerhand 37, 47, 69, 70

Fingerabdruck 21

Fingerenergetik 53, 54, 185

Fingergesten 54

Fische 28

Flexibilität 31

Fortpflanzung 55

Frequenz 144

Fruchtbarkeit 159

Furchtsamkeit 24

Galle 29, 33, 53, 55, 69, 151

ganzheitlich 71, 164

Ganzkörperintegration 177

Garantie 181

geben 36, 57, 60, 61

Gedanken 15, 172

Gedankenübertragung 112

Gehirn 29, 113

Gehirnhemispäre, linke 38, 103, 178

Gehirnhemisphäre, rechte 36, 104, 117, 178

Geistheilerschulung 115
Geistheilerverbände 17
Geistheilung 16, 25, 164
Gelb 181
Genesungshelfer 180
Genitalien 29
Gesundheit 12
Gitarrenmusik 99
Gouverneursgefäß 175, 185
Grün 111, 152, 153
Grundelemente 25
Güte 35

Hand, flexibel 31, 43
Hand, konfliktbereit 32, 60
Hand, kreativ 27, 41
Hand, praktisch 33
Hand, tolerant 26, 42, 60
Handdeutekunst 56
Handdiagnostik 21
Händedruck 22
Handgesten 21, 57
Handlinien 21, 22
Hand-Reflexzonen 23
Handtyp 24, 54
Harfenmusik 99
Harmonie 70
Harnleiter 29
Heilen, mentales 18, 25, 114, 116,
    117, 125
Heilen, spirituelles 127, 136, 140
Heilenergie 52, 75, 82, 92, 95, 97,
    116
Heilenergiefarben 153
Heilenergiepotential 52, 135
Heiler 152
Heilerassistent 86

Heilerschulung 52
Heilerübung 133
Heilerzirkel 17, 85, 136
Heilerzirkel, geschlossen 85, 182
Heilerzirkel, offen 182
Heilfarbe 81
Heillichtübung 123
Heilungsenergie 12, 16
Heilungskraft 92
Heilungssitzung 92, 95, 96
Heimtier 10
Helfersyndrom 11, 18
hellsichtig 154
Herz 31, 54, 55, 69, 151, 184
Herzenergie 31, 134
Herzlinie 22, 23
Hingabe 64
Holzelement 26, 32, 69
Holzhand 37, 47, 60, 69, 70
Homöopathie 13, 16, 153
Honorar 169, 182
hörend 32
Humor 67
Hund 31, 35, 88, 89, 119, 158, 161
hysterisch 149, 162

Identitätszentrum 176
Imaginationen 114, 115
Immunsystem 176
Indikator 145, 186
Intellekt 57
Intoleranz 56
Intuition 49

Jähzorn 24
Jesus 98
Jupiter 56

Katze 88, 89, 120, 158, 162
Kinder 116
Kinesiologie 170
Kirlianfotografie 40, 186
Kommunikation, mentale 18
konfliktbereit 32
Kontakt, mentaler 18
Kooperation 32
Kopfbereich 29
Kopflinie 22, 23
Körperkontakt 33, 49
körperlich 37
kosmische Strahlung 186
Kräfte, duale 184
Krankheiten, chronische 74
Krankheitszustand 75
Kreativität 28, 153
Kreislauf-Sexus 24, 54, 55, 69, 151, 186
Kühe 35, 157, 159

Lachkrämpfe 24
Laserstrahlen 43, 86
Lateralgehen 177, 178, 179
Laute 18
Lebensausdruck 168
Lebensenergie 11
Lebensfreude 69, 70
Lebensgeschichte 22
Lebenshaltung 167, 173
Lebenslinie 22, 23
Lebensqualität 168
Lebensüberdruß 69
Leber 29, 33, 53, 55, 69, 151, 184
Leistungsdenken 14, 18
Leitlinien 167
Licht 32

Liebe 11, 134, 180
loslassen 26
Lotussitz 128
Luftelement 25, 40
Lunge 26, 29, 54, 55, 57, 69, 150, 184
Lungenmeridian 151

Machertyp 34
Magen 29, 34, 41, 53, 55, 69, 150, 184
Materialismus 165, 169
Materie 40
Meditation, aktive 85
Meditation, passive 127, 129, 134
Medizin, chinesische 25
mental 37
mental healing 16, 18
Mentalebene 117
Mentalkraft 123
Mentalübung 121
Meridanenergien 57
Meridian 21, 151, 186
Meridianabstrahlung 40
Meridianpunkt 53, 186
Metallelement 26, 42, 56, 57, 69
Metallhand 30, 37, 60, 69, 71
Milz 34, 53, 55, 69, 151
Mimik 22
Mitgefühl 134, 153
Mitte 34, 69
Mittelfinger 56
morphogenetisches Biofeld 186
Mudra der Hingabe 58, 60
Mudra der künstlerischen Harmonie 58, 59, 60

Mudra des emotionalen Ausdrucks
62, 67
Mudra des freudigen Ausdrucks
62, 67
Mudra des Innehaltens 58, 59, 61
Mudra des Kritikvermögens 58,
59, 60
Mudra des künstlerischen Aus-
drucks 62, 67
Mudra des mentalen Ausdrucks
62, 64
Mudra des Wohlwollens und der
Begrüßung 101
Mudras 21, 54, 57, 186
Mut 153

nehmen 60
Nervensystem 44
nervös 31
Neurosen 28
New-Age-Musik 99, 159
Niere 27, 53, 55, 69, 151, 184
Nierenzone 24
Nützlichkeitsdenken 19
Nutztiere 20, 147

Od 123, 186
öffnen 57
Optimismus 153
Orange 64, 111, 152, 153

Pankreas 53, 151
Papageien 100
Perfektionismus 10, 14
Pericard 54, 186
Pferd 35, 87, 89, 137, 158, 160
Pferdehalter 27

Phobien 28
Pink 152, 153
Placebo 13
Potential 13, 28, 85
praktisch 33, 40, 82
Prana 123, 186
Prinzip, dualistisches 56, 184
Problem 71, 162

Qi 186

Radiästhesie 184
Radionik 142, 143, 186
Radionikgerät 136, 142, 144, 146,
154, 155, 186
Reflexzonen 21, 53, 186
Reinigungssystem 124
Reptilienhalter 27
Resonanz 12, 71, 144, 186
Resonanzpartner 71, 79, 112, 187
Rosa 153
Ruhelosigkeit 31
Ruhezeiten 109

Saturn 56
scannen 68, 187
Schicksalslinie 22, 23
schließen 57
Schlüsselerlebnis 20
Schmusetiere 20
Schulmedizin 13
Schulung 16, 97
Schwarz 168
Schweine 18, 35
Schwingungen 144
Seeanemone 44, 63, 70, 77, 78,
80, 84

segnen 67
sehend 32
Sehsinn 33
Seinsebene 26
Selbstbewußtsein 14, 69, 71, 169, 170
Selbstheilungskräfte 11, 12, 16
Selbstkontrolle 32
Selbstvertrauen 153
Selbstwertgefühl 170
senden 113
Sensibilität 28
sensitiv 44
Sensitivität 92, 97
Sensitivitätsschulung 93, 143, 167
Shu-Rückenpunkte 64, 187
Sicherheit 69
skeptisch 26
Solarplexus 29, 41, 42, 44, 182, 187
Solarplexusenergie 96, 133
Somatotopie 177, 187
Sonnenfinger 55
Spaß 16, 67, 132
Spieltrieb 31
Spinnen 31
spiritual healing 16
Spiritualists Association 136
Spiritualists Church 167, 187
Spontaneität 171
Sprechen, inspiriert 170, 171
spüren 36
Stalltier 10
Stellvertreter 75, 123
Sterbebegleitung 147, 148, 150, 180, 182
Sterben 147, 149, 180

Sterbeprozeß 147, 151
Subdeltawellen 130
Symbole 43
Symbolpsychologie 157

taktil 36, 74
Tastsinn 33
Teamarbeit 181
Telepathie 112
Thetawellen 129, 130
Thymus 176, 187
Tibetische Totenbücher 143
Tier, krankes 92, 95, 96, 181
Tierbesitzer 97
Tierkinesiologie 148
Tierkommunikation 17
Tiertherapeut 96
Tingpunkte 53, 54, 187
Toleranz 56, 57
Traumebene 79
Trost 33

Üben 15
Überenergie 145
Überkreuzgehen 177, 178, 179
Übungen, kinesiologische 182
Unausgeglichenheit 69
Unsicherheit 70
Unstimmigkeiten 80
Unterenergie 145
Unzufriedenheit 69, 71, 72
Urmeridiane 175, 185, 187

Vegetarismus 134, 173
Venus 57
Veränderungen 80
Verdauungsorgane 55, 184

verhaltensgestört 161
Verläßlichkeit 33
verstehen 33, 36,
Vertrauen 64
Violett 150
visuell 36, 74
Vogel 28, 31, 46, 61, 73, 89, 89, 96,
   97, 105, 110, 111, 158, 163, 164
Vogelhalter 27
Vollblutpferde 31

Wachstum 26
wahrnehmen 36, 45, 109, 113
Wahrnehmung 40, 43, 49, 50, 80
Wahrnehmungsinstrument 35
Wahrnehmungsintensität 92
Wandlungsphasen 26, 187
Wasserelement 25, 27, 28, 41, 69
Wasserhand 30, 37, 69, 70
Weisheit 67
Wildtier 10, 105, 154
Wißbegierde 26

Wohlgefühl 34
Wohlwollen 32, 67
Worte 172
Wunder 98
Würde 90
Wut 69, 72

yang 26, 27, 31, 33, 34, 150, 151, 187
yin 26, 27, 31, 33, 34, 150, 151, 187
Yoga 54, 128, 143

Zeigefinger 56
Zentralgefäß 175, 187
zentrifugal 42, 187
zentripetal 42, 187
Zirkel, geschlossen 93, 94
Zirkel, offen 92, 93
Zirkelarbeit 92
Zufriedenheit 34, 69
zuhören 33
Zuverlässigkeit 33
Zweifel 10